ŒUVRES
COMPLETTES
DE GRÉCOURT.

TOME PREMIER.

tom. 1

ŒUVRES
COMPLETTES
DE GRÉCOURT.
NOUVELLE ÉDITION,

Soigneusement corrigée, et augmentée d'un grand nombre de pièces qui n'avoient jamais été imprimées.

TOME PREMIER.

A LUXEMBOURG.

AN X. — 1802.

AVERTISSEMENT
Sur cette nouvelle Édition et sur la Vie de GRÉCOURT.

Peu de Poëtes modernes ont été aussi souvent réimprimés que Grécourt ; il en est peu aussi dont on ait plus défiguré les ouvrages.

On en connoît huit ou dix éditions, toutes, sans exception, plus défectueuses les unes que les autres : il semble même que plusieurs des derniers Éditeurs aient pris à tâche de renchérir en ce point sur les premières.

Incorrections de toute espèce ; vers sans nombre, ou mutilés de quelques membres, ou entièrement estropiés ; Pièces totalement informes, ou pleines d'omissions, de lacunes; Barbarismes inintelligibles substituées aux leçons les plus naturelles : ces défauts produits par l'inattention & le peu de goût de ceux qui ont voulu nous donner Grécourt, dénaturent

AVERTISSEMENT.

tellement ses ouvrages, qu'on ne peut presque plus les lire, et qu'il seroit injuste de juger du mérite de l'Auteur d'après de pareils recueils.

Mais l'avidité des Éditeurs de Grécourt ne s'est pas bornée à multiplier sans soin, sans travail, l'impression de ses ouvrages, il a fallu aussi multiplier les volumes. Des vues d'intérêt leur ont fait entasser, parmi ses poésies, quantité de pièces aussi étrangères à l'Auteur, que Pavillon l'est à la Fontaine, & Despréaux à Marot : on a farci les prétendues Œuvres de Grécourt d'une infinité de morceaux des Auteurs même les plus connus, et tous les Poëtes ou contemporains du nôtre, ou qui avoient écrit à-peu-près dans le même genre, ont été mis à contribution.

On sentoit donc depuis long-tems la nécessité de donner une édition plus soignée d'un Poëte agréable, qui participe du caractère de Chaulieu, de Chapelle & de Vergier. Mais où trouver un bon manuscrit de ses Œuvres ? Où le trouver com-

AVERTISSEMENT.

plet, correct, épuré de tout alliage, bon ou mauvais? Et au défaut d'un tel manuscrit, comment pouvoir le réimprimer, d'après des Éditions qui sont si fautives? Il n'y avoit qu'un parti à prendre, et on s'y est arrêté.

On a rassemblé toutes les éditions de Grécourt; on les a comparées ensemble; on a ensuite consulté ceux qui pouvoient être en état de faire le discernement des véritables productions de l'Auteur, ses amis, sa famille, & toutes les personnes qui avoient eu quelque relation avec lui. On a tiré d'eux tout ce qui pouvoit être resté dans leurs porte-feuilles.

En un mot, nous nous sommes proposé;

1°. De retrancher des Œuvres de Grécourt les pièces qu'on lui avoit faussement attribuées.

2°. De revoir, de corriger avec la plus soigneuse attention les ouvrages déjà connus, ceux qui lui appartiennent incontestablement.

3°. Enfin, d'insérer dans notre édition

AVERTISSEMENT.

une foule de pièces qui avoient jusqu'à présent échappé aux recherches des éditeurs.

C'est au public à decider si nous avons rempli ces trois objets : nous nous contenterons d'assurer que nous n'avons rien négligé ni rien épargné pour y parvenir.

Cette nouvelle édition est composée de huit volumes : le premier contient les Fables et les Rillons Rillettes; le second le Philotanus, la Bibliothèque des Damnés et les Epîtres; les troisième et quatrième les Contes; les cinquième et sixième les chansons et les poésies diverses; les septième et huitième le supplément aux poésies diverses.

Dans ces deux derniers volumes, il n'y a pas une seule pièce qui soit de Grécourt; c'est un recueil de toutes les pièces étrangères qui ont été mises sur son compte et confondues parmi ses ouvrages; mais recueil aussi soigné que le reste, fait avec choix, et enrichi d'un très-grand nombre de bons morceaux, qui n'avoient point encore été rassemblés, et qui ne sont dans aucune édition de notre Poëte.

AVERTISSEMENT.

Après ce tableau sommaire des nouvelles Œuvres de Grécourt, faisons, en peu de mots, connoître sa personne.

Jean-Baptiste-Joseph Villart de Grécourt, naquit à Tours en 1684. Des Mémoires domestiques le font descendre, du côté paternel, d'une famille noble d'Ecosse. Sa mère s'appelloit Ourceau ; elle étoit de Tours, et proche parente de Messieurs Rouillé, qui sont originaires de cette ville.

Il étoit le cadet de plusieurs enfans. On l'envoya faire ses premières études dans la Capitale : il annonça d'abord une grande facilité, beaucoup de dispositions : ce fut vraisemblablement ce qui détermina ses parens à le destiner à l'état ecclésiastique.

En 1697, il fut pourvu d'un canonicat dans l'église de Saint-Martin de Tours, sur la démission de M. l'Abbé Rouillé, Conseiller au Parlement. Ce bénéfice, et une petite chapelle dans l'église de Paris, sont les seuls biens qu'ait jamais possédé un homme qui avoit tant d'amis, ou qui, pour mieux dire, faisoit l'agrément de tant de sociétés.

Il débuta dans le monde par quelques sermons qui furent applaudis ; mais, entraîné par le plaisir, il abandonna bientôt cette carrière dans laquelle il pouvoit se promettre les plus grands succès.

Quoique nous ayons de lui une foule de poésies libres, on n'en doit pourtant rien conclure contre son caractère : son cœur n'a jamais été complice des égaremens de son esprit ; la probité & les sentimens ont toujours parlé chez lui plus haut que le libertinage.

Si on examine même de près fes ouvrages, on reconnoîtra aisément que la volupté, la délicatesse et le rafinement dans le plaisir y excluent par-tout la débauche, et qu'il avoit, pour la crapule, l'horreur qu'elle inspire à tout honnête-homme. Ce fut cette façon de penser qui lui ouvrit l'entrée des sociétés les plus illustres : il y parut comme Anacréon couronné de roses, et chantant les plaisirs au sein de la philosophie.

AVERTISSEMENT.

L'amour et le vin lui inspirèrent ses premiers vers ; l'accueil qu'ils reçurent, et la complaisance pour ses amis, les multiplièrent.

Le *Philotanus* fut celui de tous ses ouvrages qui contribua le plus à le faire connoître : cette plaisanterie amusa toute la France ; il n'y eut que les Jésuites qui ne purent la lui pardonner ; aussi lui suscitèrent ils coup sur coup mille traverses. Ils allèrent même jusqu'à le faire dénoncer au Tribunal de conscience sur la fin de l'année 1723. Voici ce qu'on lit à ce sujet dans une de ses lettres. "Mes ennemis remuent ciel et terre pour avoir de mes poésies, prétendant y trouver des impiétés et des obscénités sans nombre, en quoi je me flatte qu'ils s'abusent ; la religion m'ayant toujours été respectable, et d'ailleurs ayant un talent particulier de dire des immodesties très-modestement". Nous ignorons les suites de cette dénonciation ; cependant il est à croire qu'elle n'en eut point de fâcheuses pour notre Auteur.

Il faisoit de fréquens voyages à Paris : les vœux de ses amis et son propre goût l'y appelloient ; il eût même souhaité d'y fixer son séjour ; mais son peu de fortune, je dirois presque son indigence, s'opposa sans cesse à ce bonheur, auquel il aspira toute sa vie.

Il postula pendant long-tems une place de censeur. « Si je parvenois, écrivoit-il » à son ami, à être censeur de livres, » j'acquerrois l'estime & l'amitié des Au-» teurs, parce que je n'aurois pas une cri-» tique sèche, austère, orgueilleuse et pé-» dantesque ; mais je les ferois convenir » amicalement et amiablement des fautes » que j'aurois pu remarquer. Soyez, cher » Déon, mon avocat auprès de M. Hé-» rault, et que je sois, par votre entremise, » tiré de la honteuse oisiveté où je languis » dans la poussière provinciale. N'est-il pas » affreux que je sois réduit, pour m'amu-» ser, à faire une mauvaise fable ou quel-» que conte trivial, qui ne sied ni à mon » caractère, ni à mon inclination » ? Dans

une autre lettre adressée au même : " j'ai
» sans cesse à me reprocher d'employer à
» des vétilles, souvent indignes de moi, de
» beaux jours qui devroient être destinés à
» quelque chose d'utile : j'attends toujours
» que notre illustre Magistrat, M. Hérault,
» daigne attacher le grélot ; qu'il me lance
» une bonne fois à l'eau, le vaisseau ira
» après tout de suite, et je me conduirois
» de façon que bientôt tout le monde vou-
» droit s'intéresser à mon avancement ».

Malgré toute sa bonne volonté, M. Déon ne put rien en faveur de son ami.

Enfin, las de toujours demander et de ne jamais rien obtenir, Grécourt prit son parti : sa philosophie, gaie et ennemie de toute inquiétude, lui apprit bientôt à se dédommager de l'ambition par la volupté ; et les caresses de ses amis lui tinrent lieu, pendant le reste de sa vie, des avantages de la fortune.

Une maladie considérable et douloureuse vint lui en annoncer la fin dans les premiers mois de l'année 1743. La lettre qu'il

AVERTISSEMENT.

écrivit à M. Déon peu de jours avant sa mort, ne sera peut-être pas ici déplacée ; elle servira du moins à faire connoître les sentimens dans lesquels il mourut.

« Depuis que j'ai reçu mes Sacremens,
» je me trouve dans une tranquillité par-
» faite. Tes réflexions étoient vraies, et
» j'en éprouve l'effet. J'aurai de la force
» pour soutenir le pansement de sept
» plaies ; je compte guérir par la patience
» et le courage. Plût à Dieu que nous puis-
» sions accomplir un jour le projet d'une
» petite retraite qui, sans cagotisme, nous
» ramenât à la vraie religion ! Je suis char-
» mé que nous pensions l'un comme l'au-
» tre là-dessus. Pour moi, je le jure, je
» me métamorphoferois, et je ferois suc-
» céder des occupations férieuses aux fri-
» voles amusemens dont j'ai toujours eu
» l'esprit rempli. J'ai des obligations infi-
» nies à Dieu ; il m'a enlevé aujourd'hui
» l'esprit de Poëte, pour me laisser penser
» en Philosophe chrétien.

» Mille remerciemens à M. le Comte

AVERTISSEMENT.

» d'O..., qui me donne des marques d'une
» vraie amitié; mille complimens à la chère
» Caisse, à M. de L... à M. et à Madame
» la Présidente L... Adieu cher intime ;
» adieu véritable et sincère ami : je t'em-
» brasse tendrement : la première fois j'es-
» père t'écrire de ma main, quoique (je
» l'avoue franchement) j'aye une peste de
» pressentiment que je serai la dupe de
» tout ceci ; mes doigts allongés et chan-
» celans désignent que je fuis tout mou-
» rant : adieu, cher Déon : j'en ai trop
» fait ».

Grécourt ne fut point trompé dans son pressentiment : cette lettre est datée du 21 mars 1743, et il mourut le 2 avril suivant. Il est inhumé au milieu de la nef de l'église de Saint-Martin de Tours.

L'Abbé de Grécourt étoit d'une taille au-dessus de la médiocre et très-proportionnée. Il avoit le teint un peu brun, les yeux noirs, grands, vifs & brillans, le nez long et serré, le menton épais et saillant.

AVERTISSEMENT.

Un air de gaieté et d'enjouement étoit répandu sur toute sa personne : la saillie et l'épigramme étoient l'ame de ses conversations ; mais ce genre d'esprit, toujours séduisant et toujours dangereux, lui suscita souvent, par ses imprudences, autant d'ennemis que d'amis. Plus savant qu'on ne se le fût imaginé, il sembloit avoir oublié cette partie de son mérite qu'il faisoit toujours céder à celui d'être homme aimable. Bon conteur, bon plaisant, il avoit sur-tout le talent de faire beaucoup rire, sans sortir lui-même de son sérieux ; libre avec les femmes, sans cesser d'être respectueux, la plus sévère eût été bien embarrassée pour se fâcher sérieusement contre lui ; enfin complaisant à l'excès pour ses amis, vrai, sincère et généreux, ennemi de l'intrigue et de la flatterie, il sut toujours allier les qualités d'un très-honnête homme, à celles d'un Philosophe que le tempéramment entraînoit vers le plaisir par un ascendant que toutes les réflexions ne pouvoient détruire.

EXPLICATION DES FIGURES.
TOME I.

Le frontispice représente le portrait de l'Auteur peint à l'âge de 46 ans.

TOME II.

Le frontispice représente l'Abbé de Grécourt, au moment où il laisse tomber sur l'esprit malin dormant au pied d'un arbre, de l'eau d'un ruisseau qu'il a puisée dans sa main après l'avoir bénie ; ce qui désigne le sujet de PHILOTANUS.

TOME III.

Pour caractériser les Contes qui composent ce volume, le frontispice représente la Muse Érato, qui préside à la poésie galante. Un Amour, tenant un masque de Satyre, lui montre une statue de Priape.

TOME IV.

Le frontispice représente la Muse Terpsicore, tenant son luth ; Flore lui présente une corbeille de fleurs ; des petits Amours tiennent suspendues des guirlandes ; Mercure descend de l'Olympe tenant d'une main son caducée, et de l'autre une couronne pour Terpsicore. Au bas de l'estampe des attributs de musique.

TOME V.

On voit la Muse Polymnie, distribuant des couronnes aux trois Grâces, ce qui désigne les Poésies diverses de l'Auteur.

TOME VI.

Le frontispice représente Euterpe, entourée de Génies, et offrant à Apollon une ruche, emblême de ce sixième tome, où est déposé le miel de plusieurs abeilles du Parnasse.

TOME VII.

Pour désigner que ce volume contient des poésies érotiques, le frontispice représente Vénus accompagnée des ris, des jeux, des plaisirs, etc., présentant à la Muse Thalie une couronne de fleurs.

TOME VIII.

Le frontispice représente la Muse Clio, tenant de sa main droite une trompette, et de sa gauche les Œuvres de Grécourt qu'elle présente à Apollon qui les couronne. Au bas de l'estampe on voit huit petits Amours, tenant chacun d'une main un livre de Grécourt, et de l'autre une couronne de fleurs: ce qui désigne que l'ouvrage est en huit volumes.

FABLES.

FABLES.

Tome I. A

FABLES.

LE CHÊNE et L'ORMEAU.
Fable, au Roi.

Un jeune Chêne au bord d'un champ planté,
Servoit de borne ; et de l'autre côté,
Tout vis-à-vis, un Ormeau du même âge,
De son *Seigneur* terminoit l'héritage.
Ces deux Rivaux à Maîtres différens
Appartenoient, et dès leurs premiers ans
On s'apperçut que la bonne culture
Met en valeur les dons de la Nature.
Au pied du Chêne un fossé fait exprès,
En l'isolant, le tenoit toujours frais.
Par le soleil la terre desséchée,
Etoit autour exactement bêchée ;
Du haut en bas à des perches lié,
Les vents souffloient sans qu'il en fût plié ;
Et son Tuteur laborieux, habile,
Ne souffroit point de mousse à son Pupile.
Tout au contraire, à lui-même laissé,
L'Ormeau n'avoit ni perches ni fossé.

Croissant au gré d'un naturel volage,
Sa liberté fit son libertinage.
Les rejettons que le pied lui donnoit,
Buvoient le suc dont la tige jeûnoit.
Bas et tortu, sans grace et sans figure,
C'étoit pitié que de voir la structure
De ce pauvre Arbre, et le sot néanmoins,
Railloit un jour le Chêne sur les soins
Qu'on avoit pris de lui dans sa jeunesse.
Qui t'a donc mis dans une forteresse,
Te garottant d'un si rude lien?
La Liberté, crois-moi, c'est le seul bien,
Qui fait goûter les plaisirs de la vie.
Pourquoi souffrir qu'elle te soit ravie
Par des Tuteurs qui te font enrager?
A ces Messieurs tout paroît un danger.
Fi des façons et de l'humeur brutale
De ces gens-là! Tandis que sa morale
Il débitoit, tout-à-coup un grand vent
S'élève en l'air, et mal-honnêtement
Prend notre Ormeau, le brise comme un verre,
Le met en deux, et le jette par terre.
T'y voilà donc, dit le chêne à son tour!
Va, mon voisin, ce sont marques d'amour

Que les liens du petit esclavage
Qui, près de toi, m'ont sauvé de l'orage.
Vive la main qui m'y sçut attacher.
Adieu, l'Ormeau, va-t-en dans le bûcher,
Et puis au feu; tu n'es bon qu'au chauffage.
Pour moi bien-tôt je veux sous mon ombrage
Voir attrouper les bergers de ces lieux,
Et de ma tête atteindre jusqu'aux Cieux.

L'ÉPÉE ET LA BALANCE.
Fable, au Cardinal de Fleuri.

LAISSE-MOI remplir ma vengeance
Contre des ennemis jaloux,
Disoit l'Épée à la Balance ;
Je vais frapper les derniers coups.
Par toi ma valeur animée,
A la victoire accoutumée,
Rejette un indigne repos.
Eh ! ne m'aurois-tu réclamée
Que pour suspendre mes travaux ?
Arrête, lui dit la Balance,
Je dois mettre un terme aux exploits.

Le glaive n'est que la défense,
Non le renversement des loix.
Le Rhin et le Pô, tout est libre;
Les droits injustes sont détruits;
Tu m'as rendu mon équilibre;
Laisse les Nations en recueillir les fruits.
C'est aux moins de Fleuri maintenant que nous sommes.
Il n'est plus de Thémis pour nous;
Fleuri, le plus sage des hommes,
Va faire à l'Univers le destin le plus doux.
Nous ne sortirons plus de ses mains équitables,
Source du bonheur des mortels;
Et là, plus que jamais, justes et redoutables,
Nous mériterons mieux leurs vœux et leurs Autels.

LE MOINEAU et LE LÉOPARD,

Fable allégorique.

Un franc Moineau (1) , jeune , à la gorge noire ,
 Passoit son tems à remplir ses desirs ;
  Cependant l'amour de la gloire ,
  L'emportoit sur tous ses plaisirs.
 Le Léopard (2), des Animaux le Prince,
 Lui dit un jour : je suis content de toi :
 Va gouverner ma plus belle Province ;
 A ton esprit je donne cet emploi.
Mais afin que la gloire en ces lieux te retienne ,
Je veux bien partager mes Sujets avec toi.
  Range une moitié sous ma loi,
  Et l'autre moitié sous la tienne.

---

(1) M. d'Argenson, nommé à l'Intendance de Tours.

(2) M. le Régent.

LE TEMS,

Fable, pour Madame la Duchesse de Gesvres.

Le Tems, sa faulx tranchante en main
Du Monde se disait le maître :
Il n'est sur terre aucun humain,
Aucune substance, aucun être,
Qui ne soit soumis à ma loi.
Est-il un mortel qui ne tremble,
Dès le moment qu'il pense à moi ?
Que tous mes sujets l'on rassemble,
Je verrai si quelqu'étourdi
Niera mes droits et ma puissance ;
Et bientôt, s'il est si hardi,
Il en fera l'expérience.
Sous son despotisme absolu,
Chacun plia son humble tête ;
Seul, en sujet plus résolu,
Hardiment je lève la crête :
O Tems, de tout victorieux,
En vain tu te plais à détruire ;
Tant que je verrai certains yeux,
Sur mon cœur tu n'as point d'empire.

FABLES.

LE CHEVRE-FEUILLE et L'ŒILLET,

Fable allégorique.

A Monsieur et à Madame Hérault.

Une Nymphe jeune et charmante
Autour d'elle voyant s'empresser tous les
          Dieux,
 Usa d'une ruse innocente,
Pour dérober ses traits aux Habitans des
          Cieux.
 En vertu du pouvoir suprême
 D'un brevet d'immortalité;
En Chevre-feuille elle change elle-même
 Tous ses appas et sa beauté.
 Sous cette figure étrangère,
La Nymphe transformée étoit en sûreté,
 Comptant sur sa forme ordinaire,
 Quand ce seroit sa volonté.
Mais le surintendant des jardins de l'Olympe,
 Voyant cet aimable Arbrisseau,
 Qui plus haut que les autres grimpe,
Veut qu'il serve lui seul à construire un
          berceau.

Alors de Jupiter exécutoit les ordres
Un redoutable demi-Dieu ;
Tantôt, bien malgré lui, punissant les dé-
sordres,
Qui par malheur se trouvent en tout lieu,
Et plus souvent aussi, mais avec complai-
sance,
Ouvrant sa libérale main
Pour dispenser aux bons la juste récom-
pense
Prescrite par le Souverain
Accablé par la multitude,
Et chargé de soins importans,
Il cherchoit, pour quelques momens,
Une petite solitude,
Qui pût le soustraire aux Cliens.
En Œillet à son tour il se métamorphose,
Et le voilà qui *subitò*,
De crainte du soleil, bonnement se transpose
Sous la tonnelle *incognità*,
S'imaginant que c'est là qu'on repose.
Or comme c'est son art de savoir toute chose
Du Chevre-feuille il découvrit *prestò*
La plaisante Métempsychose.
La Nymphe de l'Œillet sut de même la cause

Et d'amour tous deux *in petto*
De part et d'autre on attaque, on défend.
Après les longs sermens de tendresse éter-
nelle,
La Belle
Se rend.
Rendue, elle est charmée et ne veut de sa vie
Rien aimer que son cher vainqueur ;
Mais à chaque moment à Jupin prend envie
De parler, d'ordonner à ce digne Censeur:
Des Supplians de toute espèce,
Venant d'ailleurs lui présenter sans cesse
Et leurs requêtes et leurs vœux,
Même au sein du bonheur, le rendent mal-
heureux.
N'est-ce donc pas un déplaisir extrême,
De pouvoir à peine en un jour
Au vif objet de son amour,
Dire comme un éclair, une fois: je vous aime?
L'Œillet amèrement touché,
D'être, par son devoir, si souvent détaché
D'auprès de celle qu'il adore,
En soupiroit très-tendrement ;
Lorsque le Chevre-feuille, aussi brillant
que Flore ;

En ces termes touchans le calme et le res-
taure.
Console-toi, mon cher Amant,
Je sais tes sentimens, j'aurois tort de me
plaindre;
Tu ne me dis qu'un mot, mais j'en sens la
douceur.
Ce mot, dit en courant, vient du fond de
ton cœur;
Car tu n'as pas le tems de feindre.

LE OUI et LE NON,

A Madame Sanson.

Sur deux mots tu voudrois que je fisse
une Fable,
Et tu ne daignes pas m'indiquer aucun nom.
Si tu me disois *Oui*, tu serois adorable:
Mais hélas! je prévois que tu me diras *Non*.
Comment de ces deux mots ferai-je un bon
usage?
Puissant Dieu de Paphos, viens vîte à mon
secours.
Allons, je le veux bien: *Oui* sera mon par-
tage,
Et du côté du *Non* tu te tiendras toujours.
Ainsi,

Ainsi, quand je dirai, du ton de l'Amour
même :
Oui, charmante Philis, de tout mon cœur
je t'aime,
Sans en vouloir démordre ; aussi-tôt ré-
ponds-moi :
Non, je ne veux jamais aimer d'autre que toi.

LA LINOTTE et LE CORBEAU.
Fable allégorique.

Une jeune et belle Linotte
Faisoit les honneurs du Printems :
Les gosiers les plus éclatans
Venoient d'elle apprendre la note.
De mille agrémens rassemblés
Elle étoit la dépositaire ;
Aussi mille Oiseaux de Cythère
D'amour se sentirent troublés.
Elle étoit douce, elle étoit bonne ;
Ce qui fit qu'un vilain Corbeau
Se mit à l'aimer bien et beau.
Le voilà donc qui s'abandonne
A toute l'ardeur de ses feux :

Il parle, il presse, il importune;
Mais, bien loin de faire fortune,
Elle chasse l'Amant hideux.
Aucunement ne se rebute
L'Animal hautement exclus,
Et sa Maîtresse encore plus
Fatigue-t-il et persécute.
Apprenez qu'un Aigle jaloux,
Disoit-il à l'Oiseau timide,
Dans le fond de la Thébaïde
Ira bientôt jouir de vous.
Je crains encor, Belle insensible,
Que ma trop grande pauvreté
N'effarouche votre bonté,
Et ne vous rende moins flexible.
Mais de beaux talens j'ai plus d'un
Que m'a départi la Nature;
Sur-tout, dans la Magistrature,
Vous me verrez hors du commun.
D'ailleurs, un rabat, une robe
Font un Magistrat bien paré:
L'emphase du bonnet carré
Toute laideur aux yeux dérobe.
Bref, si vous voulez dire *Amen*;

Ma Reine, mon cœur, ma charmante,
A jamais vous serez contente
De la suite de notre hymen.
Plus qu'à demi persuadée
Fut la pauvrette : on alloit voir
Naître par-tout le désespoir,
Quand aux Rivaux vint cette idée.
Vers Jupiter on députa,
Et cet hymen illégitime,
Devant lui, fut traitée de crime;
Mille raisons on apporta
Pour empêcher cette alliance.
Le sage Jupin s'y rendit :
Aux Députés il répondit,
Et prononça cette sentence :
A l'immonde il est défendu
De prétendre à cette victoire.
Qu'il aille chez la troupe noire
Exercer son art prétendu.
Mais en compagnie honorable
On voit les Ris et les Amours;
Qu'il en soit banni pour toujours,
Comme animal insociable.
Qu'à ma Fable prenne intérêt

Quiconque en soi trop se confie,
De peur qu'on ne lui signifie
Un duplicata de l'Arrêt.

LE MOINEAU et L'HIRONDELLE;

A MADEMOISELLE.....

Fable allégorique.

Dans son nid expiroit une jeune Hirondelle,
Fondant en pleurs, cherchant à soulager
ses maux;
Un Moineau qui l'aimoit, ne bougeoit d'auprès d'elle,
Ni jour ni nuit ne prenoit de repos,
Pour prouver, par ses soins, sa tendresse
et son zele.
Attendri par ses feux constans,
Le Destin la rend à ses larmes,
Et la malade en peu de tems
Reprit ses forces et ses charmes.
Ah! dit-elle au Moineau, je ne puis t'exprimer
Ce qu'à mon tour pour toi je voudrois
faire.....

Je souhaite, pour tout salaire,
Que vous puissiez un jour m'aimer
Avec la même ardeur que je cherche à
vous plaire.
Par un tendre retour calmez tous mes
ennuis,
Ne cesserez-vous point de m'être si cruelle?
Hélas! répond l'insensible Hirondelle,
Tout m'en presse, et je ne le puis.
Crois-tu qu'il soit en ma puissance,
En fait d'amour, d'écouter la raison?
On s'enflamme aisément par inclination,
Et jamais par reconnoissance.

L'AMOUR et LA RAISON.

Du tems que la Raison étoit dans son
enfance,
C'étoit nouveau jeu chaque jour:
La Raison partageoit alors avec l'Amour
Mille plaisirs où régnoit l'innocence.
Un jour d'été, dans un bois, à l'écart,
Ils goûtoient à loisir le charme de l'ombrage,
Ecoutant des oiseaux le gracieux ramage,
Quand du jeu de Colin-maillard

L'Amour donna l'invention premiere:
Tirons au sort, dit le Dieu de Cythère,
Pour voir à qui de nous il écheoira
D'être bandé. Sur le champ on tira :
   La courte-paille en fit l'affaire.
L'Amour perdit, il se mit en colère.
Quand il fut appaisé, la Raison le banda;
Puis, sans faire de bruit, la Belle s'évada.
L'amour tâta, chercha, courut de plaine
                     en plaine,
   Afin d'obliger la Raison
   De tirer ses yeux de prison;
   Mais hélas! sa peine fut vaine.
Le Dieu des cœurs depuis n'a point vu la
                     clarté,
Et la Raison l'a toujours évité.

L'AMOUR et LA FOLIE.

Un jour le grand Maître des Cieux,
   Content d'un amoureux mystère,
   Et plus joyeux qu'à l'ordinaire,
Voulut régaler tous les Dieux.
Il fit préparer l'ambroisie

Et les mets les plus délicats ;
Et lui-même de ce repas
Ordonna la cérémonie.
Par son ordre, de tous côtés,
Mercure porta la nouvelle
De cette Fête solemnelle
A toutes les Divinités.
Chacun fit d'abord sa partie,
Pour y paroître des premiers.
Les Dieux qui vinrent les derniers,
Furent l'Amour et la Folie.
Pour la Fête de ce beau jour,
Leur présence étoit importante ;
Car toute Fête est languissante
Sans la Folie et sans l'Amour.
Dans une bonne intelligence
On les voyoit vivre tous deux,
Et même on remarquoit entr'eux
Une assez juste ressemblance.
Mais il arriva par malheur
Qu'à la porte ils se rencontrerent,
Et que tous deux se querellerent,
Et mirent le ciel en rumeur.
Le point d'honneur en fut la cause.

L'Amour voulut prendre le pas ;
Mais l'autre n'y consentit pas ,
Et prétendit la même chose.
Tu n'entreras pas devant moi ,
Dit l'Amour d'un ton de colere :
Le grand Jupiter est mon pere ,
Et tous les Dieux suivent ma loi.
Et moi , répartit la Folie,
Moi que tu viens chercher toujours ,
Que ferois-tu sans mon secours ,
Si je n'étois de la partie ?
De la Folie et de l'Amour
Telle fut alors la querelle :
Mais ce dernier en eut dans l'aîle ,
L'autre lui fit un vilain tour.
Comme il vouloit dans sa furie
La frapper avec son carquois ,
Elle à l'instant , avec ses doigts ,
Lui creve les yeux. Il s'écrie,
Et de toute part on entend ;
A l'aide , au meurtre , on m'assassine ,
Si fort que la troupe divine
Accourut à cet accident.
Jupiter même en diligence

Y vint, laissant-là le régal.
L'Amour lui fit voir tout son mal,
Et le pressa pour la vengeance;
Mais la Folie aussi, de son côté,
Dit ses raisons pour se défendre.
A peine voulut-on l'entendre,
A voir l'Amour si maltraité.
Alors vint certaine Déesse,
Que toucha ce malheur nouveau,
Sur les yeux lui mettre un bandeau,
Lui marquant toute sa tendresse.
Cependant, malgré sa douleur;
Il avoit un parti contraire;
Car il n'est si mauvaise affaire,
Qui ne trouve son défenseur.
Je veux dire qu'en ce rencontre,
Comme en tous autres différends,
On se partagea sur les rangs;
L'un étoit pour, l'autre étoit contre;
Beaucoup soutinrent que l'Amour
Devoit précéder sa partie:
D'autres tenant pour la Folie,
Condamnoient l'Amour à son tour.
Enfin Jupiter, en bon pere,

Pour accorder ce démêlé,
Dit au pauvre Amour désolé,
Ces mots qui finirent l'affaire :
Puisqu'il faut qu'à vivre sans yeux
La Folie enfin te réduise,
Js veux qu'en tous tems, en tous lieux
Ce soit elle qui te conduise.
Ainsi dit, ainsi fait, et c'est depuis ce jour
Que toujours la Folie accompagne l'Amour.

L'AMOUR et L'INTÉRÊT.

Le Dieu de l'Intérêt et le Dieu de l'A-
 mour
Chez certain Partisan se trouverent un jour.
L'aventure étoit rare : un même domicile
 Par eux n'étoit guère habité.
 Chacun alloit de son côté,
 L'un au plaisir, l'autre à l'utile.
Voici, dit l'Intérêt, un Enfant bien nippé :
 Beaux traits dorés, carquois d'ébène,
La dupe paroît bonne, et je suis bien trompé
 Si je n'en tire quelque aubaine.
 Veux-tu jouer, fils de Cypris ?

J'ai des bijoux à ton usage ;
Pour quelque argent prêté je les reçus en gage ;
Brasselets de cheveux entourés de rubis,
Bagues de sentiment qui couvrent un mystere :
C'est autant de trésors. A qui le dites-vous?
Je connois, dit l'Amour, le prix de ces bijoux,
Le tarif en est à Cythère.
Çà, jouons : masse un trait : paroli ; masse trois,
Va le reste de mon carquois.
Facilement l'Amour se pique :
L'Intérêt, habile narquois,
A bientôt raflé la boutique.
L'Enfant dévalisé s'envole au fond des bois,
Cacher sa défaite et ses larmes.
Son Empire est soumis à de nouvelles lois.
L'Intérêt regne seul, et dispose des armes
Dont l'Amour usoit autrefois.

L'AMOUR et LE RESPECT.

L'AMOUR rencontrant le Respect,
Et rebroussant à son aspect,

Lui dit : que fais-tu là, beau sire ?
Que cherches-tu dans mon Empire,
Où tous les Amans sont heureux ?
Lorsqu'une fois une Maîtresse tendre
Aux sermens les plus vifs a bien voulu se rendre,
Le Respect aussi-tôt doit s'enfuir tout honteux.
Oui, répond le Respect : il en est d'une sorte
Qu'on doit laisser, comme on dit, à la porte.
Dès qu'on en vient à ce desiré jour,
Tout est permis au famélique Amour.
Mais il en est d'une autre espèce,
Fruit savoureux de la délicatesse,
Qui fait à l'œil, comme à la main ;
Réserver pour le lendemain
Quelque friandise nouvelle.
L'Amant gagne toujours beaucoup
A ne pas s'enivrer de plaisir tout d'un coup.
Il fait par ce moyen bonne chere éternelle.
Je t'entends, dit l'Amour : l'exquise volupté
Ne veut pas que l'on ait, auprès de son amie,
Un respect de timidité,
Mais un respect d'économie.

LE

LE SOLITAIRE et LA FORTUNE.

Un Solitaire, ennemi de la gêne,
Et sectateur de toute volupté
Qui, répétée, après elle n'entraîne
Ni le remords, ni la satiété,
Vivoit content, sans embarras, ni crainte,
Avec un livre, un verre et son Aminte.
Avint un soir qu'il entend un grand bruit,
Gros équipage, et tout le train qui suit
Dame Fortune. Elle-même en personne
Frappe à sa porte, en lui criant: c'est moi.
C'est vous; qui, vous? Ouvrez, je vous
    l'ordonne.
Il n'en fit rien. Comment ! dit-elle, quoi !
Vous n'ouvrez pas ? Vous refusez un gîte
A la Fortune, et n'accourez pas vîte
La recevoir ? Je ne vous connois pas,
Répondit-il. Elle crie, elle gronde ;
Le tout en vain. Allez frapper plus bas,
Je n'aurois pas où loger tant de monde.
Ah ! logez-en seulement la moitié.
Vous êtes sourd ? De grâce, ayez pitié;

Mon cher ami, de la Magnificence,
Qui se morfond : la Grandeur, l'Opulence,
La Dignité, la Gloire font ici
Réduits, hélas! à vous crier merci.
J'en suis fâché, mais je ne sais qu'y faire...
Vous logerez tout au moins le Desir....
Je ne saurois, répond le Solitaire :
Je n'ai qu'un lit, que je garde au Plaisir.

L'HIRONDELLE,
Ou la consolation de la Vieillesse.

Avant le jour, je commençois ma route
Le long d'un bois : j'entends parler, j'écoute;
Et cotoyant, je suis de point en point
Deux Voyageurs que je ne voyois point.
L'un demandoit : des plaisirs de la vie,
Quel est celui dont l'âme est plus ravie ?
J'estime, moi, que c'est celui d'aimer.
Aimer! fi donc. Il est, pour s'enflammer,
Un certain tems que la sage Nature
A fait exprès : tant que ce beau tems dure,
Faut l'employer; mais aussi la raison
Veut qu'approchant de l'arriere-saison,

Tout doucement, sans craindre qu'on nous fronde,
On se dispose à voir un nouveau Monde.
Du moins avant qu'on ait les feux glacés,
Il faut tout bas dire : Amour, c'est assez ;
J'ai bien usé de mon adolescence ;
J'ai des enfans d'une haute espérance ;
Incessamment rien de tous ces bas lieux
Ne touchera ni mon cœur ni mes yeux.
Que si le Ciel, par sa puissance extrême,
Me redonnoit quelque jour à moi-même,
Vous me verriez, le plus chaud des Amans,
Briller encor comme dans mon printems.
En attendant, ma foi, plus d'amourette :
Adieu, bon soir, songeons à la retraite.
Voilà, me dis-je, un homme très-prudent.
C'est un mari qui n'a plus qu'une dent,
Et qui, fâché d'être au rang des ancêtres,
Au premier jour songe à tirer ses guêtres.
Mais à cela j'entends l'autre à son tour,
Qui lui répond ; Tu connois mal l'Amour,
Mon pauvre ami, si tu crois que les forces
Pour s'entr'aimer sont les seules amorces.
Tant que le cœur peut goûter des plaisirs,

On sent bien-tôt naître nouveaux desirs.
Est-on aveugle ou manchot, dès que l'âge
D'un petit rien nous interdit l'usage ?
Et ne peut-on voir terminer ses jours,
Sans être sourd à de tendres amours ?
Pour deux Amans, et jusques dans l'ab-
         sence,
Tout est sensible, et tout est jouissance.
L'ingénieux Amour de tout se sert,
Pour retrouver le printems dans l'hiver.
Enchérissant sur l'amitié commune,
Il sait enter cent caresses sur une.
Enfin la mort les prendroit à cent ans,
Sans rien changer entre ces deux Amans.
Certes j'étois dans une joie extrême
De ce langage. Oh ! oh ! mais c'est moi-
         même.
Sur mes vieux jours je mets tout mon espoir
Dans le plaisir de toucher et de voir.
Heureux projet, ressource que j'implore !
Parois Soleil, leve-toi vîte, Aurore ;
Que je connoisse et baise de grand cœur
D'un tel discours le pathétique Auteur.
Le jour parut, ô surprise nouvelle !
Hélas ! c'étoit la constante Hirondelle.

LES BONS SERVITEURS,
ET LE MAITRE INGRAT.

Deux Domestiques affidés
Qui jamais ne quittoient leur Maître,
S'étoient un jour persuadés
Qu'il étoit un ingrat, un traître.
Quoi donc ! se disoient-ils, sans nous
Que feroit-il dans ce bas Monde ?
Parmi les plaisirs les plus doux,
C'est pourtant sur nous qu'il se fonde.
Ailleurs il auroit beau chercher
De quoi fournir à sa dépense ;
Et souvent, sans lui reprocher,
Notre bourse est en décadence.
Elle lui donne de l'esprit,
Le bon air et la bonne grace.
Ce n'est plus qu'un lâche, un proscrit,
Dès que notre zèle se lasse.
Malgré tout cela néanmoins
Il n'a nulle reconnoissance,
Un fier mépris, pour tant de soins,
Est notre unique récompense.

En compagnie est-il entré ?
Zeste, il nous défend de le suivre.
Seul à la joie est-il livré ?
Il n'en sort point qu'il n'en soit ivre ;
Tandis qu'exposés à tout vent,
A la pluie et même aux gourmades,
A la porte honteusement
Nous essuyons mille bravades.
Ce métier est trop ennuyeux,
Nous ne devons plus nous contraindre,
Et tout-à-l'heure au Roi des Dieux
Allons ensemble nous en plaindre.
Jupiter la plainte entendit,
Et vouloit leur rendre justice ;
Mais, tout considéré, leur dit :
Continuez votre service,
Et retournez-vous-en tous deux ;
Je mets néant à la Requête.
J'en sais trop d'aussi malheureux,
Qui me viendroient rompre la tête.

LES PHILOSOPHES.

BUvons, aimons, gardons la bienséance:
Mais sur tout le reste silence.
Deux Philosophes pensant bien,
Sur les choses de ce bas Monde
Réfléchissant, n'y trouvoient rien
Qui donnât une paix profonde.
Ils voyoient tout dans un aspect
Qui ne présentoit que la crainte,
La défiance, le respect,
La discrétion, la contrainte.
A table, un jour, de tout cela
Bonnement, entre quatre oreilles,
Ils raisonnoient, lorsque voilà
Qu'on leur apporte trois bouteilles.
Sur la premiere étoit écrit,
Dans la langue qu'on parle à Rome,
Élixir, *Quinte-essence*, *Esprit*
De toutes les erreurs de l'homme.
On ouvre, on sent : c'est, dirent-ils,
L'extrait de différents systêmes.
Ces sucs paroissent trop subtils;

Mon cher, gouvernons-nous nous-
mêmes.
Hors de nous en vain nous cherchons
La droite route qu'il faut suivre ;
Tout système éblouit, enivre :
Bouchons.
Sur l'autre étoit étiqueté,
Auvilliers, sept-cent-trente-quatre.
La philosophique fierté
Commença bientôt à s'ébattre.
Versons donc vîte, dépêchons :
Comme il saute, comme il trémousse !
Camarades, sauvons la mousse :
Bouchons.
Enfin dans la derniere étoit
Un spécifique à toute épreuve.
Toutes les fois qu'on en goûtoit ;
On sentoit une force neuve.
Vive les Iris, les Fanchons !
Ce syrop rend sain et robuste.
Amis, rendons-nous, il est juste :
Bouchons.

LA MARGUERITE
ET LA PENSÉE.

Dans un parterre, au beau milieu,
La Marguerite étoit placée.
Par hasard dans le même lieu
Se trouva la jeune Pensée,
A qui l'autre orgueilleusement,
De sa fleur simple et méprisable,
Reprocha l'avilissement.
Je ne suis pas si méprisable,
Lui répond avec fermeté
La petite fleurette éclose.
Vois-tu ce joli velouté,
Ce beau blanc, ce couleur de rose?
Bon ! ce n'est-là que du commun :
Respecte en moi la métaphore ;
Marguerite et Perle n'est qu'un,
Et je suis la Perle de Flore.
S'il faut sur les noms disputer,
Cela seul contre toi décide,
Et je dois ici l'emporter ;
Car la Pensée à tout préside.

C'est par elle que sur ton cœur,
Belle Thémire, je domine ;
Et malgré toi, je suis vainqueur
De tout ce que je m'imagine.

LE FAUCON ET LES PIGEONS.

MAITRE Faucon, fier comme un Écossois,
Alloit en quête : en sortant de son bois ;
Il voit de loin une jeune colombe,
A tire-d'aîle avance, plane, tombe
Sur la pauvrette, et se met en devoir
De la croquer. Quoi donc ! votre pouvoir
Est votre loi, cria l'oiseau timide ?
On est vainqueur, quand le combat décide ;
Mais quelle gloire est-ce à votre vigueur
De triompher de moi qui meurs de peur ?
Allez forcer le Milan à se rendre,
Ou l'Épervier ; ils pourront se défendre.
Notre Faucon lui répond d'un ton sec :
Défendez-vous, vous avez votre bec.
Hélas ! mon bec n'a de force et d'adresse
Que pour donner quelques coups de tendresse

A mon ami. Quel est ce bel ami ?
C'est un Pigeon sur ce toît endormi.
Faut l'éveiller, et qu'il vienne à votre aide.
Non, s'il vous plaît ; de grace, le remede
Seroit encore pire que n'est le mal.
Comme ils parloient, le petit animal,
Se réveillant, vint se perdre lui-même,
Et bec à bec il se fait égorger.
L'Amour prudent avoit vu le danger :
L'Amour ardent ne voit que ce qu'il aime.

LE ROSSIGNOL ET LA PIE;

FABLE

Sur Madame... et Jean le Poil.

Un Rossignol, dans les bois de Cythère,
Donnoit sans cesse un petit opéra,
Et tour-à-tour chantoit l'année entière,
Air sérieux, gai, tendre et cætera.
Plus à la voix il joignoit la manière,
Et, vous direz tout ce qu'il vous plaira,
C'est la façon qui donne l'art de plaire.
Ne croyez pas que ce fût son seul chant
Qui le faisoit nommer l'Incomparable.

Tout son maintien inspiroit du penchant
Pour la tendresse, et le rendoit aimable.
Un seul défaut pouvoit-on reprocher
A cet Oiseau, c'étoit son injustice ;
Car tous les cœurs se plaisoit à toucher,
Et point n'aimoit, ou c'étoit par caprice :
Pour moi, n'ai pu jamais en approcher.
En même lieu, ma commere la Pie
Chanturluroit toujours de belle humeur ;
Soir et matin elle avoit la pépie,
Et savoit bien atrapper du meilleur.
Quoiqu'elle fût d'une peau plus que brune,
Comme elle avoit le corps assez bien fait,
Au jeu d'amour elle auroit fait fortune,
Sans son babil et son peu de secret :
Mais on craignoit sa langue dangereuse.
Sa langue, hélas ! après avoir servi
A faire aimer ses talens à l'envi,
Bientôt après la rendoit malheureuse.
Mais, dites-vous, quel est donc votre but
Dans cette Fable ? Écoutez, Belle, chut !
Sexe changé de la Pie et de l'autre,
C'est mon portrait, ou plutôt le nôtre.

L'OURSE

L'OURSE ET LA TOURTERELLE.

Rare exemple d'un cœur fidèle,
O toi qui consacres tes jours
Au culte du Dieu des amours,
De la tendresse vrai modèle,
A tes bons avis j'ai recours,
 Dit une Ourse à la Tourterelle.
Un Douloureux des plus charmans
Jure qu'il m'aime à la folie;
Mais quand on est si peu jolie,
Peut-on compter sur les fermens,
Et dois-je espérer des amans
Qui m'aimeront toute leur vie ?
La Tourterelle répondit :
Ma chere, on a l'expérience
Qu'une belle trop s'applaudit,
Et n'a ni soins ni complaisance.
Par son orgueilleuse indolence
La vive ardeur se refroidit,
Et bientôt la persévérance
 De ses promesses se dédit.

Une moins belle est attentive
A réparer à tous momens
Ce qui lui manque d'agrémens.
Caressante, enjouée, active,
Sa brillante imaginative
Invente mille amusemens.
D'ailleurs, on veut en faire accroire;
Et pour justifier son choix,
Un ami vieillit sous ses loix
Par amour, ou par vaine gloire.

LE MATIN ET LA LEVRETTE.

Un gros Mâtin d'une énorme carrure,
Grondant sans cesse entre ses dents:
Par son collier, par sa figure,
Épouvantoit tous les passans.
Tous les roquets du voisinage
S'en éloignoient avec plaisir,
Et les Dogues soumis venoient lui rendre hommage,
Comme Pachas au grand Visir.
Si vous me demandez quel étoit son mérite,
Ce n'étoit que fureur, orgueil, brutalité.

Tel qu'on redoute ou qu'on évite,
N'est souvent qu'un franc hypocrite,
Qui sous un front hardi marque sa lâcheté,
Et foule aux pieds les droits de la société.

Un jour une jeune Levrette,
S'approchant du réduit de ce fier animal,
Vint par cent haut-le-corps, et sans songer à mal,
Bondir au pied de sa retraite.
L'étrangler eût été le premier mouvement
De l'impitoyable Cerbère ;
Mais, l'amour tout-à-coup désarmant sa colère,
Il crut pouvoir en un moment,
Par un maussade compliment,
Soumettre à ses desirs cette beauté légère
Le brutal ignoroit d'un langage flatteur
Le charme adroit et séducteur :
D'une patte assommante il carressoit la belle,
Et des coups redoublés exprimoient son ardeur :
Ardeur qui rarement fléchit une cruelle.
Pour trouver le chemin du cœur,
Il faut joindre aux transports une aimable douceur,

D 2

A force de refus, la timide Levrette
Triompha des assauts de l'affligeant Mâtin;
 Qui, furieux de sa retraite,
En pleine basse-cour pestoit d'un air hau-
         tain,
 Contre l'amour et le destin.
Une vieille barbette, insultant à sa peine,
Lui tint, mais un peu tard, cet utile dis-
        cours :
 Quand la conquête est incertaine,
 Que l'adresse vienne au secours.
Amans ils faut fléchir, non vaincre une in-
        humaine.
A qui veut exiger on refuse toujours,
Et le cœur n'est jamais le tribut de la gêne.
 La volupté, par cent détours,
Jalouse de ses droits, veut être souveraine:
 La contrainte engendre la haine,
Et la liberté seule enchaîne les amours.

LA TOURTERELLE et LE MOINEAU.

Un Moineau s'étoit enflammé
Pour une jeune Tourterelle;

Il n'aimoit que pour être aimé,
Et pressoit vivement sa belle.
Mais elle, d'un air de courroux,
En repoussant le téméraire,
Lui dit : mon cher ami, tout doux,
Nous ne ferons jamais affaire.
Je hais tous ces emportemens
Qui viennent d'une aveugle flamme ;
Je n'aime que les sentimens,
Ce sont les délices de l'ame.
Des sentimens ! expliquez-moi
Ce que ce grand mot représente.
Peut-être en aurois-je ; et pourquoi
Être d'abord si méprisante ?
Écoutez bien : je suis constant ;
Je passerai toute ma vie
A ne vous caresser qu'autant
Que je vous en verrai l'envie.
Je suis délicat, attentif,
Modéré, quand il le faut être,
Quelquefois aussi plus actif,
Et sur-tout de moi toujours maître.
Un rien, une œillade, un souris
Me tiens lieu de la jouissance,

Et d'espérance je nourris
L'amour affamé par l'absence.
Pour l'exacte discrétion,
Je sais la pousser à l'extrême ;
La moindre petite action,
Je la cache jusqu'à moi-même:
Sans m'autoriser du passé,
Par de nouveaux soins je mérite
Que de mon bonheur commencé
On daigne m'accorder la suite.
Enfin, ce que j'aime est mon tout,
Mon bien, mon unique fortune :
Ce sont deux ames bout à bout,
Ou plutôt deux qui n'en font qu'une.
Voilà, ma mignonne, voilà
Des sentimens, ou je m'abuse :
S'il en est d'autres que ceux-là,
La nature me les refuse.....
Ces témoignages entassés
Qu'à ton amour tu viens de rendre,
C'est beaucoup ; mais non pas assez,
Pour m'engager et me surprendre.
Certain charmant je ne sais quoi,
Qui je ne sais comment s'explique,

Ah ! si je voyois en toi !
Mais à présent nul ne s'en pique.
Des sentimens, des sentimens !
Hélas ! jamais n'en trouverai-je ?
Seuls amenez-moi des amans,
Seuls vous avez ce privilège.
Je comprends ; je ne vous plais point,
Ou quelqu'autre est votre conquête.
Des sentimens ! voici le point,
Ce n'est rien qu'un refus honnête.
Adieu donc, lui dit le Moineau :
Mais d'un ton si vif et si tendre,
Qu'elle lui répliqua : tout beau,
Il faut un peu savoir attendre.
Eh ! malheureux petit brutal,
Faut-il ?...... Aussi-tôt l'inhumaine
Fit semblant de se trouver mal ;
C'étoit donner liberté pleine.
Le drôle sut se régaler
Aux dépens de notre cruelle.
Il faut brusquement s'en aller,
Si l'on veut que l'on nous rappelle.

L'HIRONDELLE.

Une Hirondelle inquiète,
Voyant approcher l'hiver,
Pour n'être prise sans verd,
Voulut faire sa retraite.
Elle avertit ses petits
De s'apprêter au voyage ;
Mais ils n'en sont pas d'avis.
Pourquoi ce remu-ménage,
Ma mere ? Quel vertigo
De changer de domicile ?
Nous avons tout à gogo ;
Les plaisirs sont notre asyle ;
Dans les champs et dans la ville,
Est-il un climat plus doux ?
Le soleil, dont la lumière
Doit être commune à tous,
Ne luit ici que pour nous :
Tout nous rit, tout nous prospère :
Ma mere, à quoi pensez-vous ?
Ah ! Jeunesse sans cervelle,
Née ici de ce printems,

Vous n'avez point vu, dit-elle,
D'autres lieux, ni d'autre tems.
Ce n'est pas toujours de même ;
Bien-tôt l'hiver, au teint blême,
Va rendre l'air sans chaleur,
La campagne sans verdure.
Où trouver, dans la rigueur,
Abri contre la froidure,
Ver ou mouche pour pâture ?
Prévenons-en le danger,
Avant que l'air de la France,
Si sujet à l'inconstance,
Ait eu le tems de changer.
Son séjour en vain nous flatte ;
L'espèce dont on nous voit
Est un peu trop délicate
Pour attendre le grand froid.
Faut-il qu'on vous réitère
Que le climat qui vous plaît,
Pour les Hirondelles n'est
Qu'une terre passagère.
Des pays chauds habitans,
Nous en sortons au printems,
Pour venir sur le rivage,

A la faveur du beau tems,
Établir notre ménage.
Mon dessein est accompli,
J'ai pris mon tems de manière
Que tout m'a bien réussi.
Grâces à Dieu vous voici
Aussi drus que père et mère.
Que me reste-t-il à faire,
Sinon de mettre à couvert,
Dans une terre éloignée,
Des insultes de l'hiver,
Et moi-même et ma lignés ?

L'HIRONDELLE et LES FOURMIS.

UNE Hirondelle, habile avanturière,
Un jour entra dans une fourmillière,
Et tout d'un coup ne songea qu'aux moyens
D'avoir le bien des petits citoyens.
Mes chers enfans, il est un nouveau monde,
Leur cria-t-elle, où la terre féconde
Incessamment, par mon ordre et mes soins,
Rapportera dix centuples au moins,

Quelqu'un veut-il entrer dans la dépense,
Et me donner ce qu'il voudra d'avance ?
Je prendrai tout, et même jusqu'au grain
Dont la bonté n'est pas un fait certain ;
Et pour le prêt qu'on daignera me faire,
De grands trésors seront le prompt salaire.
De grands trésors, répondent les Fourmis !
Eh ! mais comment ? Un de nos bons amis,
De ce pays revenu cette automne,
Dit que la mort n'y conserve personne :
Point de maisons, ni pierres pour bâtir,
Peu d'alimens, rien de quoi se vêtir ;
Que le terrein, quoique neuf et fertile,
A cultiver sera très-difficile ;
Et que des bois, qu'habitent les Castors,
Sont de ces lieux les uniques trésors.
Il ne falloit de sens commun qu'une once
Pour suggérer une telle réponse ;
Et cependant, sur de simples billets,
Quelques Fourmis lâchèrent leurs effets.
On les paya ; mais l'étrangère habile
En payoit un pour en redonner mille.
Payoit ! que dis-je ? Un profit inouï
Rendit chacun interdit, ébloui.

Heureusement revenant à soi-même,
Du gain flatteur on vit le stratagême ;
Et connoissant l'impossibilité,
On sut se taire, et n'être plus tenté.
Lorsqu'on nous fait des promesses trop amples,
Défions-nous d'un funeste retour :
Il doit paroître aussi clair que le jour,
Quand on propose un profit sans exemples.

LE PERROQUET et LA PERRUCHE.

Un petit-maître Perroquet
Prenoit plaisir à faire entendre,
Par ses façons et son caquet,
Que pour lui Perruche étoit tendre.
Chaque oiseau présent murmuroit
De ses sottes minauderies ;
Perruche elle-même souffroit
De ses fades cajoleries.
Néanmoins elle n'osa point
Sur le champ lui faire querelle ;
Mais il fut tencé de tout point
Si-tôt qu'il fut seul avec elle.

Honteux

Honteux, confus, tout interdit,
Il essuya la réprimande ;
Puis, d'un air docile, il lui dit :
Instruisez-moi sur ma demande.
Chez la belle qui m'a charmé
Comment devois-je donc paroître ?
N'y paroissez jamais aimé,
Mais seulement digne de l'être.

LA ROSE.

Vous voulez me cueillir, disoit la Rose en pleurs
Au jeune Corylas, qui l'avoit cultivée :
Hélas ! m'avez vous réservée
Au plus funeste des malheurs ?
Voilà donc où tendoient vos perfides douceurs ?
Par ces mots la Rose vermeille
Croyoit convaincre Corylas ;
Corylas, détournant l'oreille,
Feignoit de ne l'entendre pas.
Cent fois, poursuivoit-elle encore,
Vous avez prévenu l'aurore,

Pour me voir et pour m'arroser.
Vous n'osiez même me baiser,
De crainte d'altérer l'éclat qui me colore.
Arrêtez, cher Berger ; cruel que faites vous ?
Arrêtez un moment : quand vous m'aurez cueillie,
Quelques instans après vous me verrez flétrie ;
Je perdrai les attraits dont vous étiez jaloux.
— Ainsi parloit la Rose en larmes,
Mais ses cris furent superflus.
Dès qu'elle fut cueillie, elle n'eut plus de charmes,
Et Corylas ne l'aima plus.
Amans, dans les plus dures chaînes,
Contraignez vos brûlans desirs.
Le comble des tendres plaisirs
Est souvent le comble des peines.

LE LYS et LA VIOLETTE.

Auprès d'un Lys très-humblement
La Violette étoit couchée ;
Des graces de son fier amant

Elle étoit vivement touchée :
Mais n'osant pas lui déclarer
Le feu secret qui la dévore,
Elle se contentoit d'errer
Au pied de celui qu'elle adore.
Le Lys, du haut de sa grandeur,
La lorgne dans son bas étage.
A l'aspect d'un si grand Seigneur,
Elle rampe encor davantage.
A cause de la nouveauté
D'une belle qui s'humilie,
L'orgueilleux Lys en fut tenté,
Et bientôt l'intrigue se lie.
J'eusse vu du premier coup-d'œil
La Violette et son manége :
L'humble beauté n'est qu'un orgueil
Qui doucement veut tendre un piége.

LE PAON et LE PHÉNIX.

Un jeune Paon de sa queue étalée
Préconisoit la superbe beauté.
Il s'attendoit d'aller saisir d'emblée

Les cœurs friands de toute la Cité.
Vint un Phénix, qui, malgré son plumage
Moins séduisant, put seul en approcher.
Pourquoi sur l'autre eut-il tant d'avantage ?
C'est qu'il renaît sans sortir du bûcher.

LES PIGEONS et LE MOINEAU.

Le long d'un mur étoient juchés
Deux Pigeons constans et fidèles,
Les yeux l'un sur l'autre attachés,
Et déployant un peu leurs aîles.
Un Moineau plein d'activité
Insultoit à leur quiétude,
Traitant cette tranquillité
D'indolence, d'ingratitude,
De dégoût, de caducité.
Pensez mieux de notre tendresse,
Dit la Colombe avec douceur :
L'amour est moins une courte caresse,
Qu'un long épanchement du cœur.

LE SANSONNET et LA COLOMBE.

Dieux ! que j'aime Margot la Pie !
Jamais n'en pourrai-je être aimé ?
Disoit un Sansonnet charmé
A la Colombe son amie.
Quoi ! pour un si volage oiseau
Tu peux soupirer, lui dit-elle !
C'est dommage qu'un feu si beau
Te brûle pour une infidelle.
De cette Margot parlez mieux,
Dit le Sansonnet en colère.
Dépeins-nous donc son caractère,
Répond la Colombe aux doux yeux...
C'est bonté de cœur admirable,
Une éloquence sans caquet,
Une humeur toujours agréable,
De beaux yeux, l'air un peu coquet...
(Mais sur ce point je suis discret,
Ce mal devient inévitable).
Enfin des talens, des appas;
Et si vous vouliez que j'en cause,

Je dirois qu'elle a quelque chose
De plus rare, qu'on ne voit pas.
De lui plaire fais ton étude,
Répondit l'oiseau de Cypris;
Mainte Colombe sage et prude
Voudroit être Pie à ce prix.

L'AIGLE et LA MOUCHE.

Je suis un oiseau sans pareil,
A la Mouche disoit un Aigle;
Je m'éleve jusqu'au soleil,
Et sur son cours mon vol se règle.
C'est, dit l'autre, de grands honneurs,
Que d'approcher du Dieu de la lumière.
Je ne vante point mes grandeurs,
Mais je touche à tout la première.

LE PINSON FUGITIF.

Un Pinson tendrement aimé
Pour la douceur de son ramage,
Songeoit à s'évader de la petite cage,

Où depuis plus d'un an il étoit enfermé.
 Un jour son Maître, étant charmé
De l'ouir frédonner avec tant de justesse,
Le tire de prison, le baise, le caresse,
 Et le fait percher sur son doigt.
Mais, loin que son ingrat réponde à sa ten-
dresse,
Il part, sans lui rien dire, et vole vers le toît.
 Son Maître met tout en pratique
 Pour l'obliger à revenir.
 Sois assuré qu'à l'avenir
Tu seras mieux chez moi que n'est mon fils
unique;
 Je te promets, lui disoit-il,
 Qu'à la place des grains de mil,
Ta mangeoire sera pleine de cassonnade:
 Je prétends que la limonade
 Soit ton ordinaire boisson.
 Mais néant; notre ingrat Pinson
 Lui dit, en secouant les aîles:
 Toutes ces promesses sont belles;
 Jadis elles m'auroient tenté.
 Mais maintenant je trouve en elles
Moins de douceur que dans la liberté.

LE PAPILLON et LES TOURTERELLES.

Un Papillon, sur son retour,
Racontoit à deux Tourterelles,
Combien, dans l'âge de l'amour,
Il avoit caressé de belles.
Aussi-tôt aimé qu'amoureux,
Disoit-il, ô l'aimable chose !
Lorsque, brûlant de nouveaux feux,
Je voltigeois de rose en rose !
Maintenant on me fuit par-tout,
Et par-tout aussi je m'ennuie.
Ne verrai-je jamais le bout
D'une si languissante vie ?
Les Tourterelles, sans regret,
Répondirent : dans la vieillesse,
Nous avons trouvé le secret
De conserver notre tendresse.
A vivre ensemble nuit et jour
Nous goûtons un plaisir extrême.
L'amitié qui vient de l'amour
Vaut encor mieux que l'amour même.

LA VÉRONIQUE et L'AUBE-ÉPINE.

La Véronique à l'Aube-Épine
Vantoit ses attributs parfaits.
Je vaux toute la médecine.
Qui ne connoît pas mes effets ?
Il n'est point de mal indomptable
A ma spécifique vertu ;
Il n'est point de plaie incurable...
Point d'incurable ! Y penses-tu ?
Tes vertus ne sont pas si sûres.
Ma fleur dit qu'un mois va venir,
Où le cœur reçoit des blessures
Que tu ne pourras pas guérir.

LE HÉRISSON et LA TAUPE.

Maudit soit le siècle où nous sommes,
Disoit un joli Hérisson.
Sais-tu bien que ces vilains hommes
Ont sur moi fait une chanson ?
Me voilà devenu sottise.

D'où vient équivoquer ainsi ?
J'en fus également surprise,
Me voyant sottiser aussi,
Lui répond la Taupe fâchée.
Par la perversité du tems,
Une équivoque est attachée
A tout ce qui frappe les sens.
Sur les mots sans cesse on badine :
Cela produit un sot effet ;
Car de-là vient, je m'imagine,
Que plus on dit, et moins on fait.

LE CHIEN GASCON.

JE suis de la fidélité,
Disoit un Chien, le vrai symbole.
Combien de trésors ont été
Sous ma tutelle en sûreté,
Sans que j'en ôtasse une obole !
Est-il d'animal comme moi,
En souplesse qui me surpasse,
Lorsque, devant le jeune Roi,
Je fais des tours de passe-passe?

Je vous détaillerois mon art
Et pour la chasse et pour la pêche
Où je nage comme un canard ;
Mais ma modestie en empêche.
Savez-vous ce que répondit
Une jeune Eperlan femelle :
Que n'ai-je au moins une parcelle
De tous les talens qu'il décrit !
Voici ma vie ; écoutez, belle :
On m'enfile, et puis on me frit.

LE DINDON et LA FRAISE.

Sur une Fraise appétissante
Un gros Dindon jettant les yeux,
Vers cette belle qui le tente,
Porta son bec audacieux.
Sans égard, sans délicatesse,
Il la gobe en maître absolu.
Est-ce donc ainsi qu'on se presse,
Dit-elle à ce vilain goulu ?
Grand merci, vorace bedaine,
De vouloir tout d'un coup finir ;

Vous allez m'épargner la peine
De vous procurer du plaisir.

LA FLUTE et L'OREILLE.

Arrête, Pan, écoute, adore,
Je suis la Flûte de Blavet;
N'ose pas en jouer encore,
Sans lui demander un brevet.
Tu voudrois bien avoir la bouche
Qui produit ces sons gracieux,
Et, sans qu'il semble qu'elle y touche,
Transporte l'ame dans les cieux.
Oui bien, sa bouche est sans pareille,
Dit Pan avec sincérité ;
Mais je place dans son Oreille
Le centre de la volupté.

L'ARC-EN-CIEL et LES RATS.

Du haut Empire de la Lune
On bannit un jour tous les Rats,
Qui cherchant meilleure fortune.
Voulurent

FABLES. 61

Voulurent descendre ici bas.
Le long d'un Arc-en-ciel immense,
Dégringolent les bonnes gens.
La troupe, par reconnoissance,
Avec lui contracte alliance,
Et c'est, dit-on, depuis ce tems
Qu'à cause du service extrême
Que l'Arc-en ciel rendit aux leurs,
On remarque dans l'homme même
Des Rats de toutes les couleurs.

LA CHENILLE et LA FEMME.

CHENILLE, vilain animal,
Qui dans ces bois nous importune,
Qu'à nos arbres tu fais de mal !
Ah, Dieux ! je crois en sentir une.
La Chenille ayant entendu
Ce qu'une femme disoit d'elle,
Sans se fâcher, a répondu :
Ma laideur n'est pas éternelle.
Bien-tôt changée en Papillon,
J'aurai des couleurs admirables,

Tome I.   F

Du bleu, du blanc, du vermillon,
Et je serai des plus aimables.
Plus d'une Femme, à ce qu'on dit,
Est de moi l'image parfaite,
Chenille au sortir de son lit,
Papillon après sa toilette.

PARODIE DE LA FABLE PRÉCÉDENTE.

Chenille, charmant animal,
Ouvrage exquis de la Nature,
Si tu nous fais un peu de mal,
Rien n'est si beau que ta parure.
La Chenille ayant entendu
Ce que la Femme disoit d'elle ;
En soupirant, a répondu :
Ma beauté n'est pas éternelle.
Bien-tôt, changée en Papillon,
Malgré ce mélange admirable
De bleu, de blanc, de vermillon,
Je ne paroîtrai plus aimable.
De la volage, à ce qu'on dit,
Je serai l'image parfaite.

Déjà j'entends que l'on maudit
Le Papillon et la Coquette.

LA BERGERONNETTE et LA PIE.
Fable allégorique.

Une jeune Bergeronnette,
Et qui cachoit dans ses yeux fins
Une humeur gentille et follette,
Crut, pour parvenir à ses fins,
C'est-à-dire, à son mariage,
Qu'il falloit bien choisir un cœur,
Attendu que d'un bon ménage
Dépend le souverain bonheur.
Prends pour conseil et pour amie,
Lui dit un beau matin l'amour,
Cette belle et savante Pie ;
Tu t'en trouveras bien un jour.
Fit donc, la Pie ! Elle est larrone.
Tant mieux, répond l'enfant aîlé ;
Je lui dirai qu'elle te donne
Tous les cœurs qu'elle aura volé.
Par cet ordre désabusée,

Elle prit Cupidon au mot,
Et, depuis ce tems, la rusée
Aime éperdûment sa Margot.

LE CHIEN et LE MOINEAU.

Oui, je vis heureux comme un Roi;
Pour le plaisir je semble vivre;
Je me fais moi-même la loi,
Et ma loi c'est de n'en point suivre.
En amour je suis un Lutin :
Avec les belles du bocage,
Si ne m'y prenois du matin,
Au soir resteroit trop d'ouvrage;
Et d'ailleurs quelle liberté !
Le Moineau parloit de la sorte
Au petit Chien de qualité,
Que toujours sa maîtresse porte.
Mais ce bien-aimé, fier des soins,
Des attentions assidues
A prévenir tous ses besoins,
Et de cent caresse rendues,
Qu'on lui prodigue chaque jour

Pour les délices de la vie,
Voulut l'emporter à son tour.
La mienne, dit-il, est suivie
De tous les différens bonheurs ;
Et même, lorsqu'on me gourmande,
Ma maîtresse, par ses rigueurs,
Me marque une amitié plus grande.
Quoi ! vous fuyez votre maman !
Vous ne m'aimez point, me dit-elle !
Je ne vous ai pas vu d'un an ;
Oh ! nous aurons tout deux querelle.
Mais à peine ai-je été grondé,
A peine chagrin j'en demeure,
Qu'aussitôt un baiser dardé
Me parcourt pendant plus d'une heure.
Le Moineau répondit: Es-tu donc assez sot
  De t'attribuer sa tendresse ?
  Ce n'est pas toi, pauvre idiot,
  C'est son amant qu'elle caresse.

LES DEUX CHIENS.

UN petit Chien appellé Friolet ;
Jeune, joli, caressant et douillet,
Sembloit tout seul occuper sa maîtresse.
Énorgueilli des marques de tendresse
Qu'il recevoit et le jour et la nuit,
Un beau matin, il disoit ce qui suit
A Soliman, qui venoit de la chasse :
Gros animal, que les chiens de ta race
Sont malheureux ! Un morceau de pain noir
Est ton salaire et ton unique espoir.
Quand fatigué, battu, patte meurtrie,
On te rattache ou fond d'une écurie,
Moi, sur Madame incessamment couché,
Je suis nourri de biscuit tout mâché.
Je dors, faut voir. Jamais on ne réveille,
Que pour manger, Friolet qui sommeille,
Ou pour baiser son museau si chéri.
Elle est en pleurs au moindre petit cri.
Qu'as-tu, mon fils, mon roi ? Viens à ta
                      mère,
Viens, mon amour, et c'est chère sur chère

Qu'elle me fait. Cent sortes de discours
Que l'on m'adresse, et qui partent toujours
Du fond du cœur, témoignent bien qu'on m'aime
Plus que son bien, son mari, que soi-même.
Te parle-t-on, à toi, si tendrement ?
Non, répliqua Soliman brusquement ;
Mais, quand aussi mon maître prend ma patte,
Quand quelquefois il me baise, il me flatte,
C'est seulement moi seul qu'il a dessein
De caresser. Tu ne sais pas le fin
De cet accueil, qu'en dupe tu nous vantes.
A ta maîtresse un tel tu représentes.
Ce n'est pas toi, va, ne t'y trompe pas :
C'est son amant, qu'elle tient dans ses bras.

LE RHINOCÉROS et LA GUENUCHE.

Un Rhinocéros lourd, pesant,
Et d'une forme éléphantine,
Se sentit un amour pressant
Pour une Guenuche enfantine.
Ciel! quelle disproportion,

Et pour l'esprit et pour la taille !
S'il arrivoit telle union,
Les choses n'iroient rien qui vaille.
Le Rhinocéros entêté,
Dit : je m'en rapporte à l'Oracle ;
Et le Grand-Prêtre consulté,
Répond : je n'y vois point d'obstacle.
L amour est le tyran des cœurs ;
S'il falloit qu'il prît la balance,
Pour mettre au niveau ses faveurs,
Où seroit sa toute-puissance ?

L'ABEILLE et LE HIBOU.

Il étoit une Abeille alerte, vigilante,
Tout le jour occupée au soin de sa maison,
Adroite, ingénieuse, et sans cesse agissante,
  Pleine d'esprit et de raison.
 Ce n'est pas tout, brillante et belle,
  Elle ravissoit tous les cœurs ;
  Un air frais, de vives couleurs,
 Et par-tout beauté naturelle.
 Par hasard un vilain Hibou,

La rencontrant, eut l'imprudence
D'en devenir amoureux fou.
Vous me direz : quelle insolence !
Vous avez raison. Néanmoins
On ne rebuta pas ses soins ;
Tout en plut, jusqu'à son silence.
Son minois sombre et triste, et sa lugubre humeur
Furent pris pour respect, pour secrette langueur;
Sa retraite et sa solitude ;
Pour crainte et pour inquiétude.
Bref, l'affaire alloit si grand train,
Que plus d'un bel oiseau chagrin
S'en plaignit; on fit une ligue
Pour rompre la nouvelle intrigue.
Le Papillon étoit le plus jaloux ;
Joint aux autres rivaux, ils s'en allerent tous
Porter au Dieu d'Amour leur plainte légitime.
N'est-ce pas, dirent-ils, un crime
Que notre Abeille aime un Hibou ?
Quel rapport, quelle ressemblance !
Que l'on nous montre donc par où
Peut venir cette bienveillance.

Un hibou ! Ciel ! Que peut-on voir
De plus hideux et de plus noir ?
La plus aimable volatile
Aimeroit le monstre des bois !
L'une est vive, enjouée, agile ;
L'autre pesant, morne, sournois!
A-t-on jamais vu d'alliance
Plus mal assortie en tout point ?
Nous attendrons votre sentence,
Et jusques-là nous ne le croyons point.
Cupidon écouta la jalouse cohorte,
Et, son trait à la main, répondit de la sorte:
J'adjuge à ce laid animal
Sur le cœur de l'Abeille une entière victoire.
Si, pour s'aimer, tout devoit être égal,
Où seroit donc ma puissance et ma gloire?

LA FOURMI et LE CHAT.

Une Fourmi vigilante, empressée
A voiturer la moisson ramassée
Pour son hiver, passoit et repassoit
Devant un Chat, et souvent l'agaçoit,

FABLES. 71

En lui disant : petites que nous sommes,
Ne laissons pas d'apprendre à vivre aux hommes,
Et Salomon renvoie à la Fourmi
Le Fainéant pendant l'Août endormi.
Il a raison : mon agissante adresse
Réveilleroit la plus froide paresse.
Toi, que fais-tu, que puisse un spectateur
Mettre à profit ? Il est vrai, grand docteur
A souris prendre, on voit ta patte habile
Dans la maison n'être pas inutile.
Mais, pour mieux faire, il faudroit, aussitôt,
Que la rusée est à toi d'un plein saut,
Me la croquer, et vîte en sentinelle
Te préparer à capture nouvelle.
S'en faut beaucoup que l'on en use ainsi
Chez tes pareils. Est-elle à ta merci,
La friponniere : en vrai Polichinelle,
De cent façons tu te mets avec elle
A badiner, et prête à t'échapper,
Au même instant tu cours la rattraper ;
Si que, cent fois tournée et retournée,
Elle est ton jeu le long de la journée.
Tu ne finis tes folâtres ébats,

Que quand ta patte et tes yeux sont bien las.
Même on croiroit que tout ce badinage
Te plairoit plus que le but de l'ouvrage.
Il faut agir plus sérieusement,
Et ne pas perdre un seul petit moment.
A toi permis ; le premier je t'en loue
Répond le Chat : mais, tandis que je joue
Si follement, sache qu'à ma façon
Je fais à l'homme une belle leçon.
C'est à longs traits qu'on doit goûter la joie,
Et le vainqueur à même de sa proie,
Qui ne sait pas allonger son plaisir,
Reste bien-tôt sans force et sans desir.
La volupté met tous ses artifices
A reculer la fin de ses délices.
Adieu, Mignonne : instruis l'oisiveté :
J'instruirai, moi, l'amour précipité.

LE PINSON et LA TOURTERELLE.

UN Pinson se mouroit d'ennui,
Voyant sa petite maîtresse
Ne plus paroître avoir pour lui

Ni ménagement, ni tendresse.
Fâché de ses nouveaux mépris,
Il s'en plaint à la Tourterelle.
Voulez-vous renouer, dit-elle ?
Oui bien ; dans les bois de Cypris,
Il n'est point d'amant si fidèle.
Son cœur vous aviez donc conquis?...
A mille faveurs j'en appelle.
Comment obtîntes-vous ce prix ?...
Par beaucoup de soins et d'allarmes.
Cher Pinson reprenez vos armes ;
On garde un cœur comme on l'a pris.

LE CHEVAL et LE CHIEN.

Un beau Cheval qu'avoit dame Nature
Fait à plaisir, vantoit son encolure,
Tête, poitrail, croupe et jambes sur-tout:
Il se louoit enfin de bout en bout,
Sans oublier son admirable adresse
Dans le manège, encor moins sa vîtesse ;
Puis dit au Chien : Petit, regarde-moi :
Des animaux ne suis-je pas le roi ?

Tome I.   G

Quel air ! quel port ! Je suis le vrai modèle
D'un noble orgueil. Pour moi, je suis fidèle,
Répond le Chien, et je me borne-là....
C'est fort bien fait, mais c'est peu que cela;
De tes talens la liste n'est pas ample....
Je le sais bien, mais on voit maint exemple,
Chez les humains, de ta grande fierté ;
On n'en voit point de ma fidélité.

LA POULE et LE RENARD.

Une Poule alerte et joyeuse
Vivoit sans soins et sans souci.
Elle avoit tout à sa merci,
Et tout sembloit la rendre heureuse.
Dans son nid le grain abondoit,
Pour les bons œufs qu'elle pondoit.
Elle étoit jeune, elle étoit belle,
Et son coq ne caressoit qu'elle.
Un vieux Renard lui dit un jour :
Coment te vantes-tu, m'amour,
Que rien au monde n'est capable
De te troubler dans ton bonheur ?

Eh ! de moi tu n'as donc pas peur ?
Si jamais j'entre dans l'étable,
Nous verrons.... Et que verrons-nous ?
J'attends tranquillement vos coups :
Mais du premier, je vous en prie,
De vivre faites-moi cesser.
Le dernier plaisir de la vie
Est de mourir sans y penser.

LA SOLE et LE POULET.

Une Sole étoit amoureuse
D'un beau, jeune et petit Poulet,
Qui, pour la rareté du fait,
Rendoit souvent sa belle heureuse.
Quelle rareté, dira-t-on ;
C'est qu'il ne craint point que la Sole
En jase la moindre parole,
Et divulgue leur passion.
Quoi donc ! Est-ce que jamais dame
Publia ses tendres délits ?
Bon ! l'homme se vantoit jadis :
Mais, pour le présent, c'est la femme.

LES TOURTEREAUX et LA FAUVETTE.

Qu'on est malheureux quand on aime
S'entredisoient deux Tourtereaux !
Tantôt une frayeur extrême
Vient des jaloux, ou des rivaux.
Tantôt les rigueurs de l'absence
Nous font couler les jours en pleurs ;
Quelquefois même la présence
Expose à de vives douleurs.
Un importun nous incommode,
Un babillard nous fait rougir,
Ou quelque ridicule mode
Glose notre façon d'agir.
Allons consulter à Cythère
Les oiseaux de ce pays-là.
Vers cette région si chère
Le beau couple aussi-tôt vola.
La Fauvette expérimentée
Consola nos pauvres amans,
Et leur tendresse rebutée
Reçut ces éclaircissemens.

Souvent les amoureux desirs
Dans de grands chagrins nous engagent;
Mais les chagrins sont des plaisirs,
Lorsqu'entre deux ils se partagent.

LE HIBOU et LA TOURTERELLE.

Pour sa maîtresse un vieux Hibou
Avoit pris une Tourterelle,
S'imaginant, le vilain fou,
Qu'il pourroit se faire aimer d'elle.
Mais n'essuyant que des mépris,
Et des rebuffades très-vives,
Aux dépens du fils de Cypris,
Il s'évapore en invectives.
Au diable soit l'enfant maudit,
Et sa puissance souveraine,
Qui n'a ni vertu ni crédit
Sur le cœur de mon inhumaine.
N'espere point d'heureux retour,
Hibou; ton erreur est extrême.
On accuse souvent l'amour,
Au lieu de s'accuser soi-même.

LE PAPILLON.

Un jeune Papillon, élève du printems,
Beau, brillant, bien doré, mais léger et
volage:
En d'autres ce défaut déplairoit, j'y con-
sens;
Dans notre Papillon c'étoit un avantage:
Ce nouveau fils du blond Phébus,
Ce mignon de dame nature,
Par la beauté de sa parure,
Sembloit de tous les cœurs exiger les tri-
buts,
Déjà Flore en paroit éprise,
Déjà Zéphire en est jaloux,
Et dans son cœur se formalise
De ce qu'on lui fait les yeux doux.
Mais, telle enfin est la méthode:
Un bel et magnifique habit,
Certains petits airs à la mode,
Des jeunes gens font le débit.
Avec de pareils avantages,
Jugez si notre Papillon
Sut attirer tous les suffrages.

FABLES.

Pour lui d'abord soupira, ce dit-on,
Une foule de fleurs nouvelles,
Qui toutes avoient des appas.
Mais vainement soupiroient-elles,
Car Papillon ne les écoutoit pas.
Il courtisa la rose et puis la tubereuse,
Puis l'anemone, puis l'œillet.
Nulle pourtant ne fut assez heureuse
Pour fixer ce petit coquet.
Tout enivré de ses conquêtes,
Le galant se croyoit au rang des paladins;
Mais souvent les plus belles fêtes
Finissent par de grands chagrins.
Sur le soir de cette journée,
Je pense, un démon séducteur,
Peut-être aussi destinée,
Lui fit appercevoir une sombre lueur.
Dès-lors, adieu fleurs et parterre,
Adieu les roses et les lys;
Vous tâchez en vain de lui plaire,
La flamme est la beauté dont son cœur est épris.
Il étoit sans expérience,
Ainsi qu'un Papillon d'un jour,

Et méritoit quelque indulgence,
Si les destins n'étoient pas sans retour.
Il vôle où son malheur l'appelle.
D'abord l'instinct fut le plus fort,
Et l'obligea, malgré son zèle,
A calmer le premier transport.
Mais jeunesse est présomptueuse,
Et ne veut jamais foiblement ;
A son humeur impérieuse
Tout doit céder dans le moment.
Tant s'approcha de ces flammes mortelles
L'inconsidéré Papillon,
Qu'il y laissa sa parure et ses aîles,
Et demeura rôti comme un Grillon.
Cependant encore il respire ;
Mais triste, morne et languissant,
Osant à peine se produire,
Le cœur toujours hautain, quoiqu'à terre
rempant.
Cet infortuné volatile
Voudroit encore être chenille,
Mais le cruel destin en ordonne autrement.

LE PHILOSOPHE ET L'AVOCAT.

Un Philosophe songe creux,
Qui ne savoit qu'en théorie
Ce que c'est que d'être amoureux,
Disoit un jour : Je vous en prie,
Expliquez-moi, jeune Avocat,
D'où vient que l'amant se propose
Un plaisir vif et délicat,
En répétant la même chose.
C'est un abus, en vérité,
D'appeller un bonheur suprême
Une chose sans nouveauté,
Dont l'effet est toujours le même.
Monsieur le raisonneur profond,
Permettez que l'on vous informe
Qu'un même plaisir quant au fond,
Est différent quant à la forme.

LE CHIEN ET LE MOINEAU.

Un Chien fameux par ses prouesses,
Et le plus galant des Moineaux,

Parloient de leurs tendres caresses,
Et calculoient leurs faits nouveaux.
Pauvres pécores que nous sommes,
Dirent-ils ensuite en courroux,
De ne pas nous moquer des hommes
Qui veulent l'emporter sur nous !
Je voudrois un peu leur apprendre
A ces messieurs les fanfarons,
Qu'au seul printems je suis plus tendre
Qu'eux pendant les quatre saisons....
Chien, toi qui te dis si fidèle,
Et dont le nez est si vanté,
Ne te donne point pour modèle
De la tendre fidélité.
Moineau, la volupté suprême,
N'est point le plaisir que tu prends;
C'est du plaisir toujours le même
Faire cent plaisirs différens.

LES MOINEAUX
et LES TOURTERELLES.

Deux Moineaux et deux Tourterel-
les,
Savoir, deux mâles, deux femelles,
Se disputoient entr'eux le prix
Du beau petit jeu de Cypris.
Le Moineau, vantant sa prouesse,
Disoit : Voyez quelle est mon amitié !
J'aborde à peine ma moitié,
Qu'elle est sûre de ma tendresse.
Aussi-tôt envôlé qu'aussi-tôt de retour,
Aussi-tôt de retour qu'aussi-tôt je m'en-
vole,
L'expression de mon amour
Va plus vîte que la parole.
La Tourterelle sans regret,
Et sans murmure,
Lui répliqua : l'admirable secret,
Pourvu qu'il dure !
Mais pauvre écolier mal instruit,
Que tu sait peu ce que c'est que caresse!

Ce qui précède et ce qui suit,
Du jeu d'amour est la délicatesse.
Ce n'est point ce plaisir, que vous trouvez si grand,
Qui fait la volupté suprême.
Elle est dans ce plaisir, qui toujours est le même,
Et qui toujours est différent.

LE ROSSIGNOL et LA FAUVETTE.

Bon jour, mon aimable Fauvette :
Un Rossignol fort amoureux
S'adresse à vous, pour faire emplette
Des moyens de se rendre heureux.
Je fais tous mes efforts pour plaire ;
Je suis jeune, tendre et constant.
Hélas ! j'ai beau dire et beau faire,
Je ne saurois être content.
Tout me refuse : hier encore,
A la plus belle de nos bois
Je n'eus pas dit : je vous adore
Et je veux vivre sous vos loix,
Qu'à l'instant même très-fâchée,

En me lançant un fier regard,
Elle s'envôle effarouchée,
Et s'en va chanter à l'écart.
Cependant avec éloquence
Je lui confessois mon amour.
Tant pis ; on doit avec prudence
Mettre ses sentimens au jour.
Avant d'épanouir son ame,
Il faut souvent attendre un peu.
Ne déclarez point votre flamme,
Qu'on ne s'attende à votre aveu.

LE ROSSIGNOL, LE MERLE,
et LA ROSSIGNOLETTE.

Un jeune Rossignol et sa Rossignolette,
Par mainte et mainte chansonnette,
Naïvement s'entre-contoient
Ce que l'un pour l'autre ils sentoient,
Ni plus ni moins, selon la gauloise méthode.
Rossignols, comme nous, ne change pas de mode ;
Toujours même plumage, et toujours même amour,

Ils chantoient jour et nuit ; les échos d'a-
lentour
Retentissoient du son de leur vive cadence.
Près d'un buisson voisin, faisoit sa rési-
dence
Un vieux Merle, grand radoteur,
Noir et bourru comme un docteur.
Le chant des Rossignols lui donnoit la mi-
graine.
Que n'ont-ils comme moi l'asthme et la
courte haleine,
Disoit le caduc animal !
Au diable l'amour musicale ;
Morbleu ! je les ferai bien taire.
Il raisonnoit sur cette affaire
Comme un fin Merle qu'il étoit.
C'est ainsi qu'il argumentoit :
Rossignol sans amour est bien-tôt sans
ramage :
L'amour ne peut durer que jusqu'au ma-
riage,
Oh ! marions-les donc. Le grand nœud les
noua.
Dès la premiere nuit Rossignol s'enroua.
De la femelle le courage
Se maintint un peu d'avantage :
Mais tous deux eurent le bec clos,

En voyant leurs petits éclos.
C'est ainsi parmi nous que le cours d'une année
Finit la tendresse et les chants
De nos plus folâtres amans.
On voit même souvent naître dans l'hyménée
Les chagrins avant les enfans.

LE POT-DE-CHAMBRE
et LE TROPHÉE.

Au faîte d'un palais antique,
Un vieux Trophée immense étoit,
Qui par vétusté paroissoit
comme une montre de boutique.
Sa décadence l'affligeoit,
Jugeant que le tems détruiroit,
Quoique sa matière fût dure,
Les triomphes qu'il figuroit,
Et qu'enfin rien n'en passeroit
Jusques à la race future.
Tandis qu'aux pleurs il se livroit,
D'une héroïque et triste mine;

Un Pot-de-Chambre l'écoutoit
Sur une fenêtre voisine.
Il l'apperçoit et lui dit en fureur :
Vase infect et paitri d'argile,
Où croupit une liqueur vile,
Propre à faire bondir le cœur ;
Que fais-tu-là vaisseau fragile,
Près du monument d'un vainqueur ?
Le Pot-de-Chambre, sans colère,
Lui répond : Pour quelle raison
Me parles-tu de la façon ?
Tu ferois bien mieux de te taire.
Si je regarde tes faisceaux,
Ces dards, ces haches, ces drapeaux,
Quel mal cela te peut-il faire ?
Mais quand je suis à t'écouter,
Et qu'il te plaît de te vanter
D'être l'enfant de la victoire,
Je ris de te voir exalter
Ce qui produit ta vaine gloire.
Que montre tes faisceaux ? qu'on a bien ravagé,
Brûlé, renversé, saccagé.
Le beau coup d'œil d'architecture

Que la destruction de toute la nature !
  Moi cependant toute la nuit,
  Meuble utile sous chaque lit,
Quand la femme au mari se prête sans murmure,
Ou que quelque tendron, en secret, sans mesure,
  Se livre à l'amoureux délit,
Ne suis-je pas témoin, et témoin oculaire
Des réparations des torts que fait la guerre ?
Compare ici, Trophée, et ton sort et le mien :
Conviens pour mon honneur, sans offenser le tien,
Qu'il vaut mieux regarder le tendre amour construire,
Que de voir *le Dieu Mars* dans sa fureur détruire.
  Concluons, pour l'humanité,
  Qu'un Trophée est une chimère
  Par la fausse gloire inventé,
Et que le Pot-de-Chambre est un bien nécessaire.

LE PINSON et LA FAUVETTE.

GENTIL Pinson, dans un certain boccage,
  Leste, galant, né pour l'amour,

A plusieurs oiseaux d'alentour,
Contoit fleurette en son ramage.
Jamais les héros des romans
Ne surent mieux que lui tourner son com-
plimens.
Le franc coquet enflammoit mainte belle.
Charmé d'assujettir un cœur,
Il se piquoit peu de l'honneur
D'être amant constant et fidèle.
Mais à force de prendre, on est quelquefois
pris :
C'est ce qu'à leurs dépens mille gens ont
appris.
Sur un ormeau, Pinson rencontre une Fau-
vette :
Séduisante Vénus, elle avoit tes attraits;
Dans l'art de tendre des filets,
Fut-il plus habile coquette ?
Notre galant lui fait aussi-tôt les doux yeux,
Lui dit qu'il n'est rien sous les cieux
Qui lui puisse être comparable.
La Fauvette répond au discours gracieux:
Fauvette en tel jargon seroit intarissable.
Elle employe si bien ses talens enchanteurs,
Que notre oiseau, tyran des cœurs,
Sent embrâser le sien d'une subtile flamme.

FABLES.

L'amour sur le Pinson semble épuiser ses traits.
Aucun preux chevalier jamais
Ne fut autant que lui transporté pour sa dame;
Du récit de sa peine il frappe les échos ;
Pour les hôtes des bois, il n'est plus de repos.
On parle enfin de mariage.
La Fauvette, pour engager
Son amant, sujet à changer,
Affecte humble maintien et doucereux langage,
Résolue à changer de ton dans son ménage.
Cet hymen fait grand bruit dans le canton ;
Amis et parens du Pinson
Accourent à cette nouvelle,
Lui déclarant tout séchement,
Que, pour entrer dans cet engagement,
Il faut qu'il perde la cervelle.
Cependant notre amoureux fou,
Les laisse jaser tout leur saou,
S'évade et va former une éternelle chaîne.
Si-tôt qu'il est dans ce nouveau lieu,
Qu'il prend pour le suprême bien,
Il est en proie aux ennuis, à la peine.

Seigneur Pinson, véritable étourneau,
N'est plus cet enjoué, ce charmant damoi-
　　　　　　　　　　　　　　seau.
La Fauvette insolente, altière, aigre et
　　　　　　　　　　　　　　bizare,
　　N'a que mépris pour son époux.
　De ses chagrins, de ses soupçons jaloux,
　　Elle goûte un plaisir barbare.
Le Pinson ne voit plus que jours infortunés.
　　Jeunesse imprudente, apprenez
　　D'un Pinson à tête légère,
Qu'il ne faut badiner avec le dieu d'amour;
Pour punir les badins, que ce traître sait
　　　　　　　　　　　　　　faire
　De son métier bien plus d'un tour.
Quand au fait de l'hymen, est sage qui
　　　　　　　　　　　　　　préfere
　　Aux vains charmes de la beauté,
　　A quelque enjoûment affecté,
　　La vertu, le bon caractère.

LA COLOMBE et LE CORBEAU.

On raconte que par le monde
　　Est un pays, où les Corbeaux
　　L'engeance cruelle et féconde
Insulte impunément au reste des oiseaux;

Que dans les accès de leur haîne,
L'Aigle même, leur souveraine,
Se voit par fois en bute aux traits
De ces redoutables sujets.
C'est dans cette contrée indigne
Qu'une jeune Colombe, aussi blanche
qu'un cygne,
D'un de ces oiseaux dangereux,
Fort âgé, mais plus cauteleux,
Devint la proie infortunée,
A ses avis trompeurs s'étant abandonnée,
Et de ses jeunes ans oubliant la candeur,
Bien-tôt du vil oiseau prit toute la noir-
ceur.
La blancheur de votre plumage,
Ma fille, disoit-il, est un signe certain
Que la faveur du Ciel, dans votre premier
âge,
Vous prépare un heureux destin.
Les rares qualités dont vous êtes comblée
Font voir à quel bonheur vous êtes appellée.
Voulez-vous cultiver ces beaux commen-
cemens?
Ayez soin de répondre à mes empressemens.
Une Colombe jeune et belle

A besoin d'un ami fidèle ,
Qui toujours l'encourage et borne ses desirs
Au soin de modérer ses timides soupirs.
Gardez-vous d'écouter le funeste ramage
Des hôtes séduisans de ce prochain bocage ;
Leurs accens dangereux dans votre jeune cœur
Jetteroient sûrement le poison et l'erreur.
Libre de tout souci, tranquille et solitaire,
Écoutez seulement la voix de votre pere :
A sa tendre amitié, ma fille, livrez-vous.
Vous l'aimez, il vous aime, est-il rien de plus doux ?
La Colombe, à ces mots, simple autant que soumise ,
De ce vieux Papelard ignorant l'entreprise,
Sans contrainte à ses yeux découvre ses traits ;
Elle s'expose à tous ses traits.
Mais bien-tôt connoissant le mal qui la possède ,
La Colombe en gémit, en cherche le remède ,
Tandis que ce trompeur rit de ses vains efforts ,

Et chasse adroitement sa honte et ses remords.
Cependant un ramier, ami de la Colombe,
Qui voit bien qu'à regret la pauvrette succombe,
L'anime, l'encourage à quitter le séjour,
Où le Corbeau rusé la traitoit en vautour.
Quelle fut sa douleur ! quand rendue à soi-même,
Rappellant du Corbeau le cruel stratagême,
Ses noirs empressemens, ses soins insidieux,
Sur son illusion elle jette les yeux ;
 Qu'elle vit que de son plumage
La beauté, la blancheur, n'étoient plus le partage !
 Sa plainte aigrissant ses soupirs,
Vainement elle veut cacher ses déplaisirs.
 Les bois voisins en retentissent,
Les fidèles échos à leur tour en gémissent.
La Renommée instruit de ces forfaits nouveaux
 L'Aréopage des oiseaux.
 A l'instant leur zèle s'anime,
Et des Dieux outragés demande la victime.
 La Colombe n'a pour appui
 Que ses larmes et son ennui.
Le Corbeau plus rusé fait agir ses confreres,

De la foible vertu terribles adversaires.
Le crédit, la faveur marchent devant leurs pas.
La Colombe se plaint, on ne l'écoute pas.
Les oiseaux assemblés l'accusent de folie;
Sa plainte n'est que calomnie;
Et Thémis sur ses yeux appuyant son bandeau,
Voit noire la Colombe, et tout blanc le Corbeau.
Je parle à vous, sexe débile,
Qui cherchez les sentiers que montre l'Évangile;
Au choix d'un conducteur réfléchissez beaucoup.
Sous la peau de l'agneau souvent se trouve un loup.

LE CHAT et LA LAMPROIE.

Un Chat disoit à la Lamproie :
Tu seras à moi quelque jour.
Vous n'aurez jamais cette joie......
Bon ! n'es-tu pas percée à jour ?
Malgré mes trous de toutes sortes;
Vous ne seriez qu'un faux vainqueur.
L'amour

L'amour force toutes les portes,
Excepté la porte du cœur.

LA LIONNE et LE ROITELET.

DE l'Empire des animaux
La Lionne avoit la régence.
Elle convoqua ses vassaux,
Pour donner plénière audience.
Selon son rang et son état,
Chacun de ses sujets se place,
Pour attendre le résultat.
La souveraine avoit en face
Un Roitelet industrieux,
Qui, malgré son maintien modeste,
Et son silence, avoit des yeux
Qui lui disoient tout, et le reste.
Farouche oiseau, viens près de moi,
Viens, car il faut que l'on s'explique :
Roitelet est un petit Roi,
D'où te vient ce nom magnifique ?
Princesse, quoique mon palais
Soit dans le trou d'une muraille,
Dans le creux d'un buisson épais,

Tome I.   I

Ou dans le fond d'une broussaille,
Je crois que je mérite bien
De porter ce titre suprême.
Quiconque ne desire rien,
Quiconque règne sur soi-même,
Est un vrai Roi. Donc je le suis.
Dans mon cœur seul est mon empire :
Je fais des loix et je les suis.
De mes plaisirs rien ne transpire.
Je ne fais pas un grand fracas ;
Mais nul souci ne m'inquiète.
Je suis d'une santé parfaite,
Et ne veux aucun embarras.
En vain les grands états on prône ;
Pour moi, retiré dans mon creux,
Je vis content et plus heureux
Que le plus grand roi sur son trône.

LE PERROQUET
Député vers la Fauvette.

On vint un jour trouver un Perroquet,
A qui l'on dit : Si tu veux de ta langue

Faire valoir l'agréable caquet,
Tiens, pour ce soir prépare une harangue,
En député des oiseaux du bosquet.
Tu connois bien la charmante Fauvette,
Qui d'une reine a chez nous les honneurs:
Nous te nommons pour être l'interprète
Des sentimens et des vœux de nos cœurs.
Tu t'étendras ensuite sur les grâces,
Qui pour la suivre ont fait bail éternel,
Et rangeras en différentes classes
Tous les bienfaits qu'elle a reçus du ciel.
Tu la feras en tout point accomplie,
En déclarant que, par un don nouveau
Tout à la fois elle est belle et jolie :
Puis de ses yeux tu feras le tableau :
A pleines mains tu prendras les louanges,
Lorsqu'il faudra parler de son esprit.
Nous la verrions placée auprès des anges,
Si tu pouvois faire un juste récit.
Comprends-y bien cette délicatesse,
Ce goût exquis, ce fin discernement,
En certains lieux cet air de gentillesse,
Par-tout ailleurs ce profond jugement.
Mais si, de l'ame entamant l'inventaire,

Faut retracer toutes ses qualités ,
On te prévoit longue harangue à faire
Sur tant de dons et de propriétés ;
Car de-là vient la douceur , la justice ,
L'affable accueil , l'art de se faire aimer ,
L'empressement d'être protectrice
Des malheureux qu'on voudroit opprimer.
De-là procède une sagesse austère ,
Quoiqu'alliée avec tout l'enjoûment ;
De-là.... J'entends , je ferai votre affaire.
Oh ! c'est pour moi l'ouvrage d'un moment.
La matière est déjà toute apprêtée ,
Et sur la voix , dont vous ne parlez pas ,
La Reine encor sera complimentée ;
Car ce n'est pas un des moindres appas.
Nous oublions , harangueur , à t'instruire,
Répliqua-t-on , du trait le plus charmant.
Dans ton discours ne manque pas de dire:
Que la Fauvette a trouvé savamment
L'art enchanteur , par des nœuds immua-
         bles ,
De réunir l'hyménée et l'amour ,
Dieux qui sont plus irréconciliables
Que les deux chiens renvoyés hors de cour.

Pour cela, non : l'avis est inutile,
Et trop contraire à ce que j'ai promis ;
En la louant, j'en blâmerois cent mille,
Je ne veux plus m'attirer d'ennemis.

LA FAUVETTE.

LA plus tendre de nos Fauvettes
Avoit perdu son cher oiseau,
Larmes publiques et secrettes
Mouillerent son petit tombeau.
On s'attendoit dans le boccage
A voir d'éternelles douleurs ;
Que de souvenirs et de pleurs
Elle alloit nourrir son veuvage.
Mais bien-tôt un moineau
Notre veuve fut accordée.
D'où vient ce ménage nouveau ?
L'esprit seul se repaît d'idée.

LE PERROQUET et LE PIGEON.

UN Perroquet enflé de vaine gloire,
Par son caquet étaloit sa mémoire,

Et l'emportoit, avec sa forte voix,
Sur les oiseaux de la ville et des bois.
Un Pigeon vint, auditeur bénévole,
Mais peu touché de mainte faribole,
Que l'orateur recommençoit toujours.
Quand il eut donc fini tous ses discours,
Il s'avisa d'attaquer de parole
L'humble animal, et lui dit fièrement :
Ah ! que la langue est un bel instrument !
Et bienheureux qui sait en faire usage.
Que de plaisir procure le langage !
Pauvre Pigeon, d'où vient que, comme un sot,
Tu restes-là, sans nous dire un seul mot ?
Courage, allons, débite ta harangue ;
Ou sur le champ on coupera ta langue,
Comme inutile.... Inutile ! non pas,
Répondit-il : faites-en plus de cas.
Redonnez-moi ma compagne fidelle,
Et j'en ferai bon usage avec elle..

LE COQ et LA POULE.

Un Coq épris d'une jeune Poulette
Sollicitoit la derniere faveur.

Il étoit beau, mais la belle avoit peur
Des mauvais tours de sa langue indiscrète.
Tu n'auras pas satisfait ton ardeur,
Qu'un chant joyeux, jusqu'au bout du village,
Annoncera que je ne suis pas sage.
Ah ! ne crains rien, je suis un Coq d'honneur,
Répondit-il ; je te promets, ma mie,
De ne chanter si tu veux, de ma vie.
Jures-en donc, je croirai tes sermens.
Le Coq vainqueur y fut-il bien fidèle ?
Il imita les plus honnêtes gens ;
Point ne chanta, mais il battit de l'aîle.

LE MAQUEREAU et LA POULE.

Mercure parcourant le monde,
Par l'ordre du maître des Dieux,
Vit un jour, en faisant sa ronde,
Un objet qui charma ses yeux.
C'étoit une jeune Poulette,
Pleine d'agrémens et d'appas,
Mais qui, restant toujours seulette,

Du Coq ne faisoit aucun cas.
Pour la dompter, le bon apôtre
Prend la figure du poisson
Qui, non pour lui, mais pour un autre,
De l'amour sait donner leçon ;
Par beaux discours lui fait entendre
Que rien n'est si doux que d'aimer,
Que les Dieux ne font le cœur tendre
Qu'afin qu'il se laisse enflammer.
La Poule répond à Mercure :
Je n'ai point encor fait mon choix :
Mais je sens qu'alors la nature
Prêchera mieux que vous cent fois.

LE MOINEAU et LA PUCE.

JA commençoit mes yeux à se couvrir,
Lorsqu'en mon lit entendant discourir,
Je mis au guet d'attentives oreilles.
Ils étoient deux; l'un, disant des merveilles
De sa jeunesse, à plaisir racontoit
Tous ses amours, et par milliers comptoit
Les beaux exploits de son adolescence ;
Mais espéroit en faire pénitence,

Se corrigeant sur la fin de ses jours.
L'autre à son tour lui tenoit ce discours :
Le sang du peuple est ma plus forte envie,
A le sucer je passerois ma vie ;
Et les endroits que convoitent les Dieux,
Ne sont pour moi sacrés ni précieux.
Pour les remords, j'en suis à-peu-près quitte ;
Car mon esprit est une mort subite.
Qui diable est là ? Quel est cet amoureux,
Pensai-je alors ? Peste du malheureux,
Du sang humain qui fait son patrimoine !
Pour le premier ce peut-être un chanoine,
Et le second quelque gros financier
Dont le peuple est le pere nourricier.
Je passai donc, pour les voir à ma guise,
Dans l'autre chambre. O ciel ! quelle sur-
   prise !
Les deux auteurs du colloque nouveau
Étoient la Puce, et le tendre Moineau.

LE PETIT CHIEN.

Un petit Chien se montroit à la Foire,
Et par l'esprit, l'adresse et la mémoire

De certains tour, s'y faisoit admirer,
Grande fortune il auroit pu tirer
De ses talens; mais dissipé, volage,
Toujours étoit ailleurs qu'à son ouvrage.
Allons tout droit, et sautez pour le roi,
Lui disoit-on. Le drôle restoit coi,
Point ne sautoit. Sautez donc pour la reine
L'ordre donné, la menace étoit vaine.
Venez à moi. Zeste, bien loin de-là
Il s'enfuyoit. Je sais d'où vient cela.

 Dites-lui; Sautez pour follette;
 Et vous verrez un joli saut.
 L'esprit est souvent en défaut,
 Nature n'est jamais distraite.

LE MYRTHE et L'ORTIE.

LE Myrthe sur la blanche Ortie
Brusquement fit une sortie,
Jusqu'à lui disputer le pas :
J'ignore quels sont tes appas,
Et ta feuille n'est qu'une attrape...
Trop fier Myrthe, apprends d'Esculape

Que beaucoup de maux je guéris ;
Et partant treve de mépris....
Guérir est un grand avantage :
Mais moi, je fais un double ouvrage;
Car, appartenant à l'amour,
Je blesse & guéris tour-à-tour.

LA CHEMISE et LA CORNETTE.

La Chemise sur la Cornette
Prétendoit un jour l'emporter.
Que pouvoit-on lui contester ?
La peau par ses soins étoit nette :
Elle réceloit mille appas.
Sur ce dernier point parlez bas,
Lui répondit son adversaire :
Ma fonction au beau sexe est plus chère ;
J'orne ses traits et ne les cache pas.

L'ABEILLE et LE SIFFLET.

Il étoit un essain d'Abeilles
Attentives à leurs devoirs,

Et qui travailloient à merveilles,
Pour former leurs petits dortoirs.
A leurs exercices fidelles,
Rien ne pouvoit les dissiper;
Enfin c'étoient les vrais modèles
De l'art de toujours s'occuper.
Un jeune Frelon, proche d'elles,
Fit de sa trompe un chalumeau,
Se mit à siffler, et nos belles
A le suivre dans le hameau.
Adieu donc travail, industrie,
Adieu le soin de la maison;
Ce n'est plus que badinerie,
Ce qui devant étoit raison.
Abeille, vous n'êtes pas sage
De vous laisser prendre au filet.
Hélas! que l'esprit est volage!
Il ne faut qu'un joli Sifflet
Pour séduire tout un village.

LA MACREUSE et LA SALAMANDRE.

La Macreuse très-humblement
Vint prier le Dieu de Cythère
De lui donner un jeune amant,
Qui desiroit fort de lui plaire.
Mais la Salamandre étoit là,
Qui d'abord, d'une voix hardie,
Contre la Macreuse parla,
Et parla même en étourdie.
C'est à moi qu'il convient d'aimer,
A moi que la plus vive flamme
Nourrit, loin de me consumer,
Et qui suis toute feu dans l'ame.
Voyez un peu ce sang glacé !
Qu'il a bon air dans cet empire !
Et l'amour seroit bien placé
Dans le froid limon d'un navire !
Des tendres cœurs le souverain,
Sans s'arrêter à l'apparence,
En faveur de l'oiseau marin,
Rendit une juste sentence.

Il fit ensuite une leçon
A l'indiscrette Salamandre,
Et la tourna d'une façon
A nous faire aisément comprendre,
Que femme qui possede l'art
De passer pour une Macreuse,
Sais prendre la meilleure part
Dans les secrets de vivre heureuse.
C'est ce sang-froid qu'on doit choisir
Par une adresse consommée;
Quand on veut joindre à son plaisir
Son repos et sa renommée.

LA BALEINE et LE VER A SOIE.

Considérant sa différence,
Du haut de son volume immense,
Une Baleine avec dédain
Regardoit un Ver, que la faim
Traînoit rempant sur le rivage,
Pour chercher un murier sauvage.
Quoi! devroit-on naître à ce prix,
Disoit des mers la souveraine?

Sans s'émouvoir de ses mépris,
Le Ver répond à la Baleine :
Je pense de même que vous.
Les commencemens de ma vie
Ne doivent point porter d'envie.
Eh ! qui diable en seroit jaloux !
Mais ainsi que fille jolie,
Au sortir du couvent, oublie
Sa gênante captivité,
Et dit : vive la liberté !
De même, dès que de la coque
Où le destin l'enfermera,
Votre servante sortira,
De son bonheur voilà l'époque.
Aussi-tôt on la mariera ;
Et mariée, alors, oh dame !
Vous verrez un beau carillon,
Tel qu'en fait une jeune dame,
Que l'hymen change en papillon.

LE PERROQUET.

Un Perroquet des côtes de Guinée,
Jeune, joli, bienfait, le manteau bien perlé,
Et sur le tout caquet bien affilé,
Faisant honneur enfin à l'espece empennée,
Vivoit dans les forêts en pleine liberté ;
　　Toujours disant chanson nouvelle,
Ou bien sifflant menuet, ritournelle :
　　Son bonheur faisoit sa fierté,
　　Lorsqu'un oiseau de cette espece,
　　Ou par malheur, ou par tendresse,
　　Suivant l'objet de son ardeur,
　　Tomba dans les mains du chasseur.
Notre petit causeur, d'un malin coup de
　　　　　　　　　　　　　　langue,
　　Badinoit l'oiseau malheureux ;
　　Et le texte de sa harangue
Frondoit toujours Perroquet amoureux
　　Pour les beaux yeux d'une Perruche,
　　Qui souvent n'est qu'une Guenuche.
　　Peut-on se laisser prendre ainsi ?

Quelque belle que soit la cage,
Ce n'est toujours qu'un esclavage.
Qu'on est sot de chercher la peine et le souci !
Le plaisir qu'on sent à l'entrée
D'un piége habilement tendu,
Vaut-il des maux dont la durée
Fait que nos beaux jours tout usage est perdu ?
Ainsi, parlant du haut d'un chêne,
Du Perroquet captif il augmentoit la peine,
Quand passe une femelle : il la voit, et soudain,
Pour suivre cette belle, il se met en chemin,
La carresse du bec, de l'aîle,
A chaque instant fait la roue autour d'elle,
Tant qu'enfin, d'un air simple et doux,
La femelle adroite et rusée,
Comme toutes le sont (ceci soit entre nous,)
Le conduisit par une route aisée,
Où l'attendoient des laqs qu'il ne put éviter.
Quand notre oiseau, toujours songeant à caqueter,
Se vit d'une cage nouvelle
Locataire nouveau, sans qu'il en prévît rien

K 3

Que fit-il, dira-t-on ? Il baisa sa femelle,
Et chanta. Je crois qu'il fit bien.

LA CRÊME et LE VINAIGRE.

Vers l'amour, toujous blême et maigre,
S'en vont la Crême et le Vinaigre,
Lui disant : ne pourrions-nous pas
Servir un peu dans vos états ?
Car à l'amour tout est utile.
Ce n'est pas chose difficile,
Leur répondit le petit dieu,
De vous placer en tems et lieu.
Tant que le soupirant novice
Attend le jour du sacrifice,
doit être doux et benin,
Et tout céder au sexe féminin.
Mais aussi, dès qu'il se voit être
Profès en forme et pere-maître,
Sa trop languissante douceur
Tourne d'ordinaire en fadeur.
L'appétit renaît par l'acide,
Et le goût redevient avide,

Quand cet acide à deux amans
Cause certains picotemens,
Légère aigreur qui les réveille,
Et dont les suites font merveille.
Crême, commence donc l'amour;
Vinaigre ensuite aura son tour.

LE ROSSIGNOL, LA FAUVETTE,

ET LE MOINEAU.

LE tendre Rosignol et le galant Moineau,
L'un et l'autre charmés de l'aimable Fau-
vette,
Sur les branches d'un jeune ormeau,
Lui parloient un jour d'amourette.
Le petit chantre aîlé, par des airs douce-
reux,
S'efforçoit d'amolir le cœur de cette belle.
Je serai, disoit-il, toujours tendre et fidèle,
Si vous voulez me rendre heureux.
De mes douces chansons vous savez l'har-
monie;
Elles ont mérité le suffrage des dieux :
Désormais je les sacrifie

A chanter vos beautés, votre nom en tous lieux;
Aux échos d'alentour je le dirai sans cesse,
Et j'aurai tant de soin de le rendre éclatant,
Que votre cœur sera content
Du vif excès de ma tendresse.
Et moi, dit le Moineau, je vous baiserai tant....
A ces mots le procès fut jugé dans l'instant
En faveur de l'oiseau qui porte gorge noire;
On renvoya l'oiseau chantant:
Voilà la fin de mon histoire.

LA GÉNÉALOGIE et LE SUISSE.

Un jour la Généalogie,
Voulant savoir de quel côté
Venoit certaine parenté,
Rencontre un gros Suisse, et le prie
De lui montrer par où, comment
Tel seigneur prétend qu'il hérite.
Pour voir cette affaire de suite,
Prenons-la du commencement;
Sachons d'abord quel est son pere.

Aidez-moi, si vous le pouvez.
Dites-donc, papa, vous rêvez!
Et c'est tout ce que tu sais faire,
Lui répond le Suisse en colère;
Je n'entends point tes rogatons.
Ah! je vous consultois, beau sire,
Car ma rivale la satyre
Prétend que je marche à tâtons,
Et de plusieurs ose me dire,
Qu'ils sont fils des treize Cantons.

LE BROCHET et LE PAPILLON.

Un Brochet étoit amoureux
D'un jeune Papillon femelle :
Mais tous les jours de nouveaux feux
Brûloit sa maîtresse infidelle ;
C'est ce qui faisoit naître entr'eux
La discorde continuelle,
Et les discours injurieux
D'une jalousie éternelle.
Enfin le pauvre malheureux,
Fatigué de se plaindre d'elle,

Prit un ton grave et sérieux,
Sans faire une noise nouvelle.
Adieu les plasirs et les jeux.
Elle apperçut bien, la donzelle,
Que le tems étoit orageux.
Son œil tendre en vain le rappelle,
Et ce maintien silencieux
Lui troubloit déjà la cervelle.
Que faire de cet ennuyeux ?
Tâchez vîte qu'il vous querelle,
Arrachez-lui plutôt les yeux.
Il faut que ce froid se dégèle ;
Dès qu'il aura grondé des mieux,
Il vous aimera de plus belle.

LE PIGEON et LA LINOTTE.

Mon cher Pigeon, mon doux ami,
Si nous étions unis ensemble,
L'amour seroit-il endormi ?
Parlez un peu ; que vous en semble ?
Oh ! que de charmantes leçons
Nous donnerions sans cesse aux hom-
       mes,

Dont, hélas! au siécle où nous som-
mes,
Les amours ne sont que chansons.
Je suis prévenante et hardie ;
J'ai beaucoup de vivacité ;
On vante ma dextérité :
Je suis gaie et même étourdie.
C'est ce qu'il faut pour animer
Une prompte et brûlante envie.
Enseignons donc à bien aimer,
Et passons-y toute la vie.
Lorsque la Linotte eu tout dit,
A la petite Épicurienne
Le tendre Pigeon répondit :
J'ai mon école, et toi la tienne.
Ton jeu des humains odoré
Finit après la jouissance :
Celui que je leur ai montré
N'est pas fini, qu'il recommence.

LA BELETTE et LE SAPAJOU.

UNE adroite et fine Belette
Charmoit un jeune Sapajou :

Mais las ! il désespéroit où
Il pouroit joindre la follette.
Plus contrainte qu'une Nonnette ,
Elle étoit cloîtrée en son trou.
Doit-il laisser cette amourette ?
Aime-t-elle ? Oh ! certainement.
De la voir c'est donc chose aisée ,
Puiqu'avant d'avoir un amant
La belle étoit déjà rusée.

L'AMOUR FUGITIF.

L'AMOUR avoit volé sa mère
Pour donner des bijoux à sa chère Psyché.
   Voilà le drôle déniché ,
   Et dans l'instant par tout Cithère
   Le libertin est affiché.
Vénus avoit mis dans l'affiche ,
Que quiconque découvriroit
   De ce petit fuyard la niche ,
La récompense en recevroit.
En attendant la découverte ,
Cyprine se tenoit au lit ,
                Inconsolable

Inconsolable de sa perte.
Un berger arrive, et lui dit :
Ce matin j'ai vu le volage
Avec sa belle deviser,
Tous deux dans un sombre bocage.
Grand-merci de la peine ; elle vaut un baiser.
Une heure après, en vint un autre,
Annonçant que le même soir
Doit revenir le bon apôtre.
Approche, et vois ce que tu voudras voir.
Enfin il paroît un troisième
Tenant cupidon par la main.
Tu me fais un plaisir extrême,
De ramener mon Benjamain.
A te récompenser pourrai-je bien suffire ?
Mon fils, qui, folâtrant, as perdu ton bandeau,
Viens tirer un peu mon rideau :
A ce beau conducteur j'ai quelque chose à dire.

L'ŒILLET.

Un Œillet dans un parterre,
Causant avec d'autres fleurs,
Leur disoit : Tenez, mes sœurs,
Si quelque jeune bergère
Vient me choisir un matin
Pour me mettre sur son sein,
Je veux y prendre racine.
Eh ! bien, vous serez choisi,
Petit Œillet cramoisi,
Dit une beauté divine,
Qui l'entend parler ainsi :
Venez sous la mousseline.
A ce propos radouci,
L'Œillet transporté s'exhale
En parfums délicieux ;
A chaque instant il signale
Le triomphe de ses feux :
Mais enfin l'odeur s'épuise,
Vainement l'Œillet surpris
Attend de nouveaux esprits ;

Il se pâme, il agonise.
Doux ébats, tendres plaisirs,
Ah ! que vos vives amorces
Ne portent-elles nos forces
Aussi loin que nos desirs ?

LE SERIN, LA LINOTTE ET LE MOINEAU

Un Moineau franc, épris d'une jeune Linotte,
Sollicitoit la derniere faveur.
Il étoit vif, badin, et d'une humeur
A s'emparer bien-tôt d'une tête fallotte.
Énorgueilli de ses talens,
Il se présente chez la belle.
Elle aimoit : mais l'amour fidèle
N'est plus d'usage dans ce tems.
Un Serin par son doux ramage,
De la Linotte avoit gagné le cœur.
Sans être au printems de son âge,
Sa conquête pouvoit encor lui faire honneur.
Notre Moineau, plus étourdi que tendre,
Rit de ce foible concurrent.

Quand on est jeune, on veut tout entre-
prendre.
Réussit-on ? Le succès nous l'apprend.
Il tente donc l'amoureuse aventure,
En un instant tout répond à ses vœux.
La Linotte devint parjure,
Elle trahit ses premiers feux.
Aussi-tôt par la renommée
La nouvelle en court en tous lieux;
Et bien-tôt elle est confirmée
Par le Moineau victorieux.
Le Serin l'apprend, et murmure ;
Il prétend en tirer raison.
La Linotte rit de l'injure,
S'applaudit de la trahison.
Elle veut ménager leur flamme ;
De tous les deux elle veut des plaisirs.
L'un par son chant sait attendrir son ame,
L'autre par ses talens satisfait ses desirs.

LES YEUX.

Des Yeux il sort des corpuscules :
Les Yeux noirs et les bleus en sont le
mieux fournis

Ce ne sont contes ridicules,
Les savans sur ce point sont enfin réunis.
Des beaux Yeux noirs d'une femme
Il part maint corpuscule en forme de
                                 fourreau ;
Tout homme que l'amour enflamme
A dans les siens l'épée, et veut leur don-
                                 ner beau!
Mais le fourreau toujours vacille :
L'épée en vain voudroit en approcher.
Après plus d'un effort, plus d'un soin
                                 inutile,
Lorsqu'elle en désespère, elle vient s'y
                                 nicher.
Voilà toute la mécanique
De l'heure heureuse du berger.
De part et d'autre amour indique
Quand on n'a rien à ménager.

LE CANAPÉ, LE LIT et LE FAUTEUIL.

Rêve.

Du mois de mai toute la sève
A coulé dans moi cette nuit.
Dieu d'amour, quel pétulant rêve !

Et quel effet il a produit !
J'en suis lasse, abattue, éteinte.
Ah ! c'étoit toi, mon cher ami,
Que sans ménagement ni crainte,
Je n'embrasois pas à demi.
Est-il bien vrai, charmante reine,
Que tu flatterois mon orgueil ?
Mais où donc s'est passé la scène ?
Est-ce Lit, Canapé, Fauteuil ?
Le Lit veut en avoir la gloire :
Le Canapé le veut aussi,
Et l'on ne savoit lequel croire,
Quand le Fauteuil s'explique ainsi :
L'apparence est pour moi complette,
Puisque dans les songes d'amour,
Pour l'ordinaire on ne répète
Que ce qui s'est passé le jour.

L'ÉCUREUIL et LA PUCE.

Oui, tout animaux que nous sommes,
Disoit l'Écureuil l'autre jour,
Nous apprenons à vivre aux hommes ;

Moi, j'apprends à faire l'amour.
Quand je saute de branche en branche,
J'apprends que l'on doit commencer
Par sauter sur une main blanche,
Et puis zeste, zeste, avancer.
La puce à ce discours présente,
Dit : je montre une autre leçon
Beaucoup plus courte & plus galante,
Quoi, mignonne ? A faire un suçon.

LE CHAT et LA MINETTE.

Un jour un Chat festoyant sa Minette,
Proche de-là vit passer un gros rat;
Lors le matou, l'affaire à demie faite,
Pour courir sus, quitte son tendre ébat.
Chagrine fut de cette préférence
La délaissée, et certe avec raison.
Vîte elle alla conter sa triste chance,
De Chate en Chate, à toutes les maisons.
La chose sue, on tint conseil entr'elles.
Pour prévenir le cas à l'avenir,
On ordonna qu'au déduit les femelles

Crieroient si haut, que rats, loin de venir,
Se tapiroient dans le fond des ruelles.
Çà, commençons un amoureux combat ;
Mais pour que rien ne trouble notre fête,
Ma chère Iris, jure, crie et tempête :
Ah ! jure donc, ou je vais prendre un rat.

LE GRAS DE JAMBE et LE TETON.

LE Gras de Jambe et le Teton
Se prêtoient tour-à-tour, et se rendoient
les armes.
L'un poliment disoit : Sans le qu'en dira-
t-on,
Que tu dévoilerois de charmes !
Un homme, quel qu'il soit, n'a rien de plus
pressé
Que de plonger sa vue alerte et vagabonde
Dans ce corset ingrat, où l'honneur t'a placé,
Pour désespérer tout le monde.
L'autre lui répondoit : Quoique toujours
couvert,
Des belles tu fais les délices.
Rond, ferme, égal, jamais on ne te prend
sans verd ;

Aussi de leurs yeux fins tu reçois les pré-
mices.
Il est vrai qu'amoureusement,
Sur un mollet musclé, l'œil féminin s'ar-
rête ;
Mais l'avouerai-je bonnement ?
Cet œil actif se sert de ce prétexte honnête.
Je l'ai pris souvent en défaut,
Et je connois son artifice ;
Sur tout ce qui n'est pas habillé comme il
faut,
En passant il a soin de faire la police.

LE CANEVAS et L'AIGUILLE.

LE Canevas et l'Aiguille, un beau jour,
Dans leur loisir, s'entretenoient ensemble.
Les bons propos sont toujours sur l'amour.
L'un disoit donc: Ma chere, que vous semble
De tant de trous que je rassemble en moi ?
N'est-il pas vrai qu'il n'est point de co-
quette
Qui, dans chacun, ne desirât un roi,
Si la nature à l'*instar* l'avoit faite ?

Cher Canevas, les féminins desirs
Par vous en vain sont portés à l'extrême,
C'est une erreur : à la fois cent plaisirs
N'en donnent qu'un, quand ils donnent le même.
Dites plutôt que l'homme voudroit bien
Que double chose en lui se trouvât jointe,
Comme chez moi. Quel agrément ! quel bien
D'avoir en propre et la fente et la pointe !
Plus d'embarras alors, ni cruauté,
Ni soins, ni peur, ni courses, ni caprices.
 Erreur aussi : c'est la difficulté
 Qui de l'amour fait toutes les délices.

LE BŒUF et LE SACRIFICATEUR.

Un jour de fête à Vénus consacré,
Il s'agissoit d'immoler une offrande.
Un jeune Bœuf du pacage est tiré,
Qui sur le champ, avec double guirlande,
En grande pompe, à l'Autel est conduit.
Mainte oraison, grandes cérémonies,
Belle harangue, et tout ce qui s'ensuit

Fut observé. Les prieres finies,
Vint le grand-prêtre, et sa hache à la main,
Il se saisit de la tremblante bête,
Fit un effort, cria *han*, et soudain
De l'animal il abatit la tête.
Des Étrangers, qui regardoient cela,
Furent surpris, et disoient : malpeste !
Comme d'un *han* le Bœuf est tombé là !
Alors Vénus, de la voûte céleste,
Descend au *temple*, et sans aucun détour,
Leur enseigna tout le fin du mystère.
Les longs discours préparent à l'amour;
Mais un mot vif, aide à finir l'affaire.

LES PAUPIERES et LA PANTOUFLE.

Pour M. * * *, et Madame * * *.

Deux Paupieres énorgueillies
D'appartenir aux yeux d'Iris,
Et d'elles-mêmes fort jolies,
Affectoient des airs de mépris.
La Pantoufle en fut la victime;
Car, lui parlant avec hauteur,

Elles vouloient lui faire un crime
D'avoir abandonné sa sœur.
Qu'en as-tu fait ? A quel usage
Seule prétendoit-tu servir ?
Inutile dans le ménage,
Désormais on doit t'en bannir.
Non pas : de moi mieux je présume.
Quand deux beaux yeux vous laissez voir,
Un cierge de leurs feux s'allume ;
Je lui servirai d'éteignoir.

LE CHAT et LA COQUILLE.

Un Chat, d'une façon furtive,
Alloit cherchant un bon lopin,
Lorsque chez un peintre il arrive
Qui n'avoit pas même de pain.
Il ne trouve en son pauvre bouge,
Rien au monde de quoi fripper,
Qu'une Coquille teinte en rouge,
Encore heureux de l'attraper.
Point de si près on n'y regarde,
Quand on est jeune et qu'on a faim.

A vingt-cinq ans, je n'avois garde
De dire : Ma chère, à demain.

LE SINGE et LA SOURIS.

Un jour il arriva qu'un Singe
Son malin plaisir ayant pris
A disperser un tas de linge,
En fit sortir une Souris.
Il court après, la prend, s'en joue,
La tourne et retourne cent fois ;
Puis lui fait tendrement la moue.
Épris de ce joli minois,
Il lui promet par ses gambades,
Ses gestes, et ses sauts périlleux,
Que les plus vives embrassades
Vont bien-tôt terminer leurs jeux :
Mais en voulant faire une pause,
Il tombe en un sommeil profond.
C'est l'affront où souvent expose
Un préliminaire trop long.

LE HANNETON et LE CANARD.

Par l'agilité de mon aîle,
Je nargue ce Canard brutal,
Disoit un Hanneton femelle,
Qui folâtroit sur un canal.
Au lieu de fuir son bec vorace,
La volatile erroit au tour,
Et, s'approchant avec audace,
Agaçoit l'animal Vautour.
Mais, par malheur, contre sa tête
Ayant heurté mal-à-propos,
Du Canard elle est la conquête,
Car elle tomba sur le dos.
En vain de sa folie extrême
L'insecte demanda pardon.
Philis, tu fais le Hanneton ;
Je t'attends à tomber de même.

LE CHAT et LE COQ

Un Chat, pour cacher ses amours,
Dans les greniers alloit s'ébatre.

A son bruit, on croyoit toujours
Qu'il passoit les nuits à se battre.
Ce fier et politique amant
Voulut faire la réprimande
Au Coq, qui, sans ménagement,
Se préparoit à son offrande.
Le Coq répond : Point de secret,
Quand l'amour veut être éternelle.
Un amant n'est souvent discret,
Que pour devenir infidèle.

LE M..... et L'ÉLÉPHANT.

L'INSECTE ennemi du grand jour,
Qui sur le mont d'une Déesse,
Osant même avoir son séjour;
Y mord, et pullule sans cesse;
Ce tyran des plus secrets lieux,
Que dans moins d'une heure est
       grand-père,
Et, sans le messager des Dieux,
Tourmenteroit la vie entière;
Ce petit boureau, triomphant

De sa qualité prolifique,
Au gros et robuste Éléphant
Insolemment faisoit la nique.
Quoi donc ! il faut un jour entier
Pour préparer ta jouissance !
Je suis amoureux sans quartier ;
Si-tôt fini, je recommence.
Vilain, point de comparaison
De l'amour apprends les mystères :
Esprit, goût, nouveauté, raison
N'est que dans les préliminaires.

LA GUÊPE et L'ANDOUILLE.

Une jeune Guêpe timide
Regarde une Andouille de loin;
D'en tâter son goût est avide,
Mais elle ne sait par quel coin
Saisir ce monstre qui l'étonne.
L'Andouille voit son embarras,
Et lui dit : Viens, la belle Mignonne,
Aucun tort tu ne me feras.
La Guêpe aussi-tôt lui réplique :

Je vais donc te réduire à rien....
Au contraire, je sait trop bien
L'effet d'une Guêpe qui pique.

LE CHEVAL et LA LEVRETTE.

LE Cheval vif, et l'agile Levrette,
Chassant tous deux, eurent du différend.
La chienne dit : Ma vitesse est complette,
Car en courant mon droit chemin je prend,
Sans m'arrêter ; et toi, tu caracolles
Comme au manège. Est-ce là le moyen
De bien chasser ? A de grosses paroles
On en venoit, et sans terminer rien,
Quand on convint de rapporter l'affaire
Devant l'amour : c'est un maître chasseur
Qui suit sa proie, et qui sait comment faire,
Pour être un peu du gibier possesseur.
Des deux côtés cette cause nouvelle
Fut donc plaidée au coin de la forêt,
Et Cupidon, instruit de la querelle,
Très-gravement prononça cet arrêt :
Toi, qui tout droit vas ton chemin battant,

Tu chasseras dans les bois de mon frère.
Toi qui te plais à caracoller tant,
Je te prendrai pour mes bois de Cythère.

LES ROSES et LES LYS.

Fable Anacréontique.

Un jour les Roses et les Lys
Résolurent d'aller ensemble
Loger sur le teint de Philis.
La troupe aussi-tôt se rassemble,
Pour exécuter ce dessein.
Dans son lot la Rose eut la joue,
Et je ne sait quoi sur le sein,
Sur-tout aux lèvres se dévoue.
Bien plus amplement partagé,
Sur le reste de son visage,
Le Lis épars se vit logé.
Enorgueilli de son partage,
Le jaloux s'ennuya de voir
La Rose en son petit ménage.
Plus on a, plus on veut avoir.
Pour lui faire plier bagage,

Le Lis appelle à son secours.
L'effroi d'une surprise extrême.
Sylvandre est mort depuis deux jours,
Philis l'apprend et devient blême;
Mais ce bruit étoit supposé.
Sylvandre arrive, et, portes closes,
Avant de s'être reposé,
Il changea tous les Lys en Roses.

LA LUNE et LA JARRETIÈRE.

La Lune, comme une commère,
Jasoit avec la Jarretière,
Et lui jabottoit tous ses droits.
Je suis Déesse par trois fois.
Ecoute : au ciel je suis la Lune,
Et, par mon pouvoir souverain,
Dans le bonheur et l'infortune,
Je gouverne le genre humain.
Mon influence, de ce monde
Regle les secrets mouvemens;
C'est par moi seule qu'il abonde
En de si grands événemens.

Diane, je préside aux plaisirs de la chasse :
On voit mon trône au milieu des forêts :
Et vers moi la jeunesse accourt avec audace,
Et me consacre tous ses traits.
Enfin dans les enfers mon nom est Proserpine :
Je règne en ces lieux ténébreux,
Et c'est-là qu'aux mortels ma volonté destine
Ou des plaisirs divins, ou des tourmens affreux.
Déesse, ne sois pas si fière,
Lui répondit la Jarretière ;
De ton triple pouvoir ne te targue pas tant.
Qu'à d'autres auditeurs ton discours en impose.
J'ai près de moi certaine chose,
Qui peut en dire tout autant.

LE RAT et LA PUCE.

L'AUTRE jour la Puce et le Rat
Racontoient leurs tours de jeunesse.
Ils avoient évité l'éclat,

Et par-là prouvoient leur finesse.
L'un conta comme en tapinois,
Cherchant à finir son ouvrage,
Il avoit employé deux mois
A se loger dans un fromage.
L'autre discourut à son tour,
Disant que très-souvent, sans crainte,
Jusques dans le pays d'amour,
Elle parcourut toute Aminte.
Comment diable ! ne crains-tu pas
Qu'Aminte à la fin ne t'attrape ?...
Vous êtes dans le même cas
D'être écrasé sous une trape.
Laissez-moi donc en liberté,
Sucer la peau des plus cruelles.
Sans un peu de témérité,
On meurt de faim auprès des belles.

LES CARPES et LES COUSINS.

Modestement au pied d'un hêtre,
Au tems de nos premiers amours,
Le long d'un beau canal champêtre,

Philis et moi nous causions tous les jours;
De larges écailles dorées
Des Carpes se montroient parées,
Mais ne disoient pas un seul mot.
Ah ! que cet animal est sot !
Me dit Philis encor trop sage
Pour que je lui pusse expliquer
Que la langue a plus d'un usage.
Dans ce moment vint nous piquer
De Cousins un essain volage.
L'un d'entr'eux nous dit galamment :
Tendres amans, à ma blessure
L'amour joint une autre piqûure.
Toutes les deux également
Pourront guérir facilement :
Mais, si vous vous grattez, j'en jure,
Elles croîtront assurément.

LA GUENUCHE et LA JEUNE CHATE.

ADMIREZ donc ma gentillesse,
Et cent jolis tours de souplesse
Que je fais du soir au matin,
Disoit, d'un petit air mutin,

La Guenuche à la jeune Chate.
Que ne te sers-tu de ta patte
Pour surprendre quelque souris,
Ou jouer avec un rat pris ?
Ah ! je suis encor trop jeunette,
Répond la petite minette ;
Un autre jeu sait m'occuper.
Maintenant tout mon exercice
Est la queue, et mon artifice
Ne tend qu'à pouvoir l'attraper.

LA MER et L'ÉTANG.

De la Mer Vénus étant née,
Croyoit à son suprême rang
La nayade subordonnée,
Sur-tout la nayade d'Etang ;
Mais celle-ci, belle à merveille,
Auroit embarrassé Pâris,
Qui l'eût jugée au moins pareille
A la déesse de Cypris.
Si bien donc que ce parallele
Fit beaucoup de bruit dans les Cieux ;
Et pour décider la querelle,

On vit opiner tous les Dieux.
Sans faire une longue tirade,
Pour exprimer leur sentiment,
Je suis Vénus, je suis Nayade,
Dirent-ils laconiquement.
Ainsi on disoit à Florence :
Je suis Guelphe ou bien Gibelin ;
Ainsi l'on pourra dire en France :
Je suis *Belleple* ou *Channelin*,
Commes les voix étoient égales,
On délibéra que l'amour
Jugeroit seul ces deux rivales ;
Mais à sa mere il fit un tour.
Il avoit volé sa toilette,
Pour en faire à Psyché le *don*.
Le fouet en main Vénus la guéte.
Au lieu de gagner son pardon,
Vers cette Nayade si belle
Il vole, et n'est pas arrivé,
Qu'en ses bras il juge pour elle,
En s'écriant, je suis *Sauvé*. (1)

---

(1) Nom de la Dame qui proposa le sujet de cette Fable.

VÉNUS et LE PILOTE.

Sur un pont Vénus arrêtée,
Regardoit un batteau venir,
Qui de l'onde précipitée
Le danger devoit prévenir.
La Déesse crie au Pilote :
Prends garde à l'arche; enfile bien.
Le drôle, sur la même note,
Lui répond : l'art ne sert de rien;
Souvent le plus fier équipage,
S'il est dans son malheureux jour,
Est désolé par le naufrage
Qu'il fait sous l'arche de l'amour.

L'AIGUILLE et LE CANEVAS.

Un apprentif de l'hyménée,
Par un certain secret malheur,
De son épouse infortunée
Ne pouvoit contenter l'ardeur.
Ils vont trouver un Esculape,

Qui les visita promptement,
Et voyant d'où venoit l'attrape,
Ainsi leur parla décemment :
Un jeune homme qui se marie,
Peut ressembler à qui voudroit
Travailler en tapisserie,
Et qui n'a pas ce qu'il faudroit.
Il est vrai qu'il s'offre à sa vue
Un Canevas bien étendu ;
Sa main d'une aiguille est pourvue,
Et de son dessein prétendu,
Tout lui représente l'image :
Mais les pelotons, où sont-ils ?
Avant d'entreprendre l'ouvrage,
Il faut avoir tous ses outils.

L'AMOUR PRIS DE VIN

L'amour, à force de boire,
Perdit un jour la mémoire.
Ce Dieu, dans un vin clairet,
Avoit oublié tout net
Que déjà d'un trait de flamme
Il avoit blessé mon ame.
Au fond d'un bocage épais
Il me rencontre à sa belle,
Et dit en battant de l'aîle :
Bon, voici du gibier frais.
Pour abaisser mes fumées,
Essayons sur lui ces traits.
Lors cent flèches enflammées,
De cet arc qui tant de fois
Soumit les Dieux à ses lois,
Partant plus dru que la grêle,
Font bientôt fuir pêle-mêle
Les craintifs hôtes des bois.
Vain effort ! nul trait ne porte.
Oh ! oh ! qu'est-ce que cela ?

Le drôle est bien dur. N'importe,
Tirons toujours : m'y voilà.
Non ! Quoi ! perdre de la sorte
Tous mes traits ! Ah ! quel dépit !
Homme ou démon, qui le fit
Cœur d'une trempe si forte,
Ou quel charme l'endurcit ?
C'est ceci, lui répondis-je,
Tirant le portrait d'Iris :
Regarde, et de ce prodige,
Cesse, Amour, d'être surpris.
Avec pareille cuirasse,
Crois-tu qu'on craigne tes traits ?
Non, jamais, quoique tu *fasse*,
Tu ne prendras une place
Que défendent tant d'attraits :
C'est en vain te mettre en frais.
Va dormir, la nuit te chasse.
Adieu ; mais une autre fois
Sois plus heureux ou plus sage,
Et fais un meilleur usage
Du reste de ton carquois.

LA JONQUILLE et LE GRATE-CUL.

Une Jonquille étoit si belle,
Que, dans les jardins de Cypris,
Tous les simples, amoureux d'elle,
N'osoient pas en paroître épris.
Le Grate-cul, plus téméraire,
Un beau jour risqua le paquet,
Et lui dit qu'il vouloit lui plaire :
Mais on lui rabattit son caquet.
Dans ta haie, entouré d'épines,
Rebut des fleurs, va te cacher.
Apparemment que tu badines ?
Fuis, et cesse de m'approcher.
Donnez-moi du moins votre estime,
Et je bornerai-là mes vœux,
Puisque vous me faites un crime,
De l'aveu de mes tendres feux.
Rien du tout. Vous êtes trop fière,
Peut-être vous en souffrirez ;
Notre souverain de Cythère
N'aime point les mépris outrés.

Si ce Dieu se le met en tête,
Je deviendrai votre vainqueur.
Qu'il mette seulement un *Bon* sur ma re-
quête,
Vous-même, vous viendrez me demander
mon cœur. *

LE SINGE et L'ARAIGNÉE.

Par mille tours industrieux
De sa ruse et de sa souplesse,
Un Singe fait tout de son mieux
Pour faire éclater son adresse.
L'araignée est là dans un coin,
Qui tend ses filets, sans mot dire ;
Subtile elle attire de loin

---

* *Dans une copie écrite de la main de l'auteur, au lieu des quatre vers qui terminent la pièce, on trouve ceux-ci.*

De ce Dieu craignez l'assistance ;
Un amant sait s'en prévaloir :
Mais il ignore sa puissance,
Tant qu'il lui reste quelque espoir.

Les mouches qu'elle veut séduire ;
La plus rusée est prise enfin,
Sans que l'art se fasse connoître.
On cesse de passer pour fin,
Dès qu'on veut se donner pour l'être.

LE LÉOPARD et LE CHIEN.

Un lévier, qu'un fort honnête Chien
Avoit mordu, mais d'une dent badine,
Pour se venger, se servit d'un moyen
Qui du badin tendoit à la ruine.
Faisant son frere auteur de mille maux,
Il rendit plainte, & par mille impostures
Le traduisit au Roi des animaux.
Pour abréger toutes les procédures,
Le dénoncé sur le champ fut au point
D'être jugé : punition sévère
Le menaçoit ; car on ne douta point
Des faits cités dans le long inventaire.
Heureusement, au conseil souverain,
On se souvint que dans la même ville,
Où fut mordu le délateur flandrin,
Lors gouvernoit un Léopard habile ;

Un juge intègre, éclairé, bienfaisant,
Presqu'adoré de toute la province.
On attendoit, pour le débat présent,
Que son avis déterminât le Prince.
Le Vice-Roi sachant les noirs délits,
Voulut lui-même en prendre connoissance.
Il les vit faux, incroyables, proscrits,
Et ne conclut qu'à quelques remontrances.
Réponse faite, on le suivit en cour.
Le Léopard reçut une missive :
Ce qu'ayant su, le dénoncé fut pour
Enregistrer correction passive.
Çà, mon enfant, lui dit le Léopard,
Écoutez-moi, je sais qu'en toute chose
Le mauvais cœur chez vous n'a nulle part.
Il faut pourtant une métamorphose,
Et devenir un être tout nouveau,
Changer de ton, de manière et de forme,
Dire à sa langue incessamment : *tout beau*;
Il faut en tout une prompte réforme.
Son auditeur répliqua : volontiers,
Coupez, taillez, tranchez : sans résistance
Je m'y soumets ; mais laissez tout entiers
Les sentimens de ma reconnoissance.

FABLES. 153

LA PENSÉE et L'ABBÉ (1).

La Pensée et l'Abbé ! ce sujet hasardeux
    Me donnera bien de la peine.
Partagez le travail, adorable Climène,
    Faisons cette fable à nous deux;
Et que je voye un peu votre muse exercée.
Prenez pour vous l'*Abbé* : car le gênant res-
                                  pect,
Que, malgré vos appas, imprime votre
                                  aspect,
    Ne me laisse que la *Pensée*.

LA NUBILITÉ et LE JEUNE RADIX.

A la Nubilité l'on bâtissoit un temple,
    Qu'on venoit voir par curiosité;
    Un Radix arrive, et contemple
De la jeune Déesse & l'air & la beauté;

---

(1) Une Dame pria l'Abbé de Grécourt de lui faire une fable. L'Abbé lui en demanda le sujet; la Dame répondit : *sur la Pensée*.... Quoi ! la Pensée toute seule ! oui, toute seule, dit-elle, si l'Abbé est toujours d'accord avec elle. Voilà ce qui fit naître cette piece.

L'hommage, quoique tendre, étoit humble & timide,
Car ce Radix à peine étoit formé,
Et croyoit bonnement que sa grosseur décide
Pour être ou n'être point aimé ;
Mais notre Déesse enfantine,
En souriant, le consola
Par une répartie & délicate & fine,
Qui le mystère dévoila.
Un peu plus ou moins gros, qu'est-ce que cela prouve ?
Et quand même ton crû ne seroit qu'à demi,
Je t'aimerai, pourvu qu'un beau jour je te trouve
Dans le jardin de mon ami.

LE BIGARREAU et LE RASOIR.

Le Bigarreau, fier de sa bonne mine,
De sa fraîcheur et de son coloris,
De près un rasoir examine ;
Ensuite, d'un air de mépris,
Lui dit : je crains ton voisinage,
Ce tranchant me fait grande peur,
Mille forfaits sont ton ouvrage,
Au mépris j'ajoûte l'horreur.

Pourquoi cela ? l'on doit me plaindre,
Car si j'opère quelque mal,
C'est la main qui sait m'y contraindre.
De moi-même bon et loyal
Je ne veux attraper personne,
Et pour qui je suis je me donne ;
Mais dangereuse est ta beauté,
Et tu fais à tort le superbe,
C'est de toi que vient le proverbe,
A beau dehors dedans gâté.

L'ASTROLOGUE.

Certain Roi jusqu'à la folie
Aima jadis l'astrologie :
Toujours marchoit à ses côtés
Un Docteur à longues lunettes.
En aveugle il suivoit toutes ses volontés ;
Sur ses projets divers, sur ses peines se-
         crettes,
 Les astres étoient consultés.
 C'étoit un très-grand ridicule,
Mais les rois sont friands d'apprendre le
         futur.
Un hasard détrompa le prince trop crédule.

Un jour que le Soleil, plus brillant, et
plus pur,
Invitoit le monarque à s'ébattre à la chasse.
Il sort: le pédant suit, le ciel devient obscur,
L'air s'épaissit, l'orage le menace.
Le monarque tremblant consulte son doc-
teur.
Alors d'un ton de pédagogue :
Calmez votre souci, seigneur,
Je promets du beau tems, répondit l'As-
trologue.
Sur la parole du menteur,
On s'avance, on s'exerce aux travaux de
Diane,
La meute étoit aux champs, lorsqu'il pa-
roît un âne.
Un pitaud le suivoit. Bon homme, par ta foi,
Pleuvra-t-il, demanda le Roi ?
Sire, j'aurons de l'iau, sans doute,
Dit le manant sans se troubler,
Je vois de mon baudet les oreilles trembler,
C'est un présage sûr. Le monarque l'écoute;
Et se sait bon gré d'avoir mis
Et le docteur, et l'âne en compromis.
L'Astrologue en pâlit : cependant la tem-
pête
Commence à fondre sur leur tête.

Le

Le Prince tout mouillé chassa de son palais
Des doctes charlatans la gent porte-soutane,
Et jura ses dieux que jamais
Il ne consulteroit d'autre docteur, qu'un âne.

LA SENSITIVE et LE CHARDON.

Les simples tenant assemblée,
Soudain virent entrer l'amour,
Et voilà le Chardon, d'emblée,
Qui, voulant lui faire sa cour,
Étala mainte ressemblance
Qu'il croit avoir avec ce Dieu.
Si je cause quelque souffrance,
Disoit-il, on y donne lieu ;
Tant qu'on tient sa main dans sa poche,
Je n'ai garde de l'attaquer :
Mais si de trop près on m'approche,
C'est mon métier que de piquer.
Des traits cachés de toutes sortes
L'un et l'autre nous recelons ;
Les blessures plus ou moins fortes

Montrent que nous nous ressemblons ;
Enfin, cet animal insigne
Dont les amours font tant de bruit,
Ne voit point de plante plus digne
De contenter son appétit.
La harangue ainsi terminée,
L'enfant ailé jetta les yeux
Sur la Sensitive inclinée.
Fi donc ! ce simple est odieux,
Dit le Chardon ; ce ridicule
Oseroit-il bien vous parler ?
Quand on le caresse, il recule ;
En amour doit-on reculer ?
Non, dit l'amour, mais je sais que ma mere
Suspendoit par fois son courroux
Contre un amant tendre et sincère,
Qui reculoit au rendez-vous.
Belles, voici le fait, vous devez faire grace,
Si la premiere fois on ne sort point vainqueur ;
C'est qu'alors les esprits abandonnent leur place
Pour aller étayer la surprise du cœur.

Fin des Fables.

LES RILLONS RILLETTES,

OPÉRA-COMIQUE

EN CINQ ACTES,

Représenté à *Tours*, privatos intrà parietes, en 1724.

HISTOIRE DE LA PIÈCE.

L'ABBÉ *Duchamp-Dumont*, Grand Chantre de l'Eglise de Saint-Martin de Tours, de concert avec ses amis, ayant fait assembler son chapitre, y fit présenter un mandement d'acceptation de la constitution, qu'il avoit dressé avec les Jésuites, auxquels il étoit entièrement livré; et il insista sur la nécessité de le rendre public dans les circonstances où on se trouvoit. Comme il avoit eu la précaution de n'appeller à cette assemblée que ceux qui lui étoient dévoués, il fit la lecture du mandement tel qu'il voulut, et il passa. Cependant il crut devoir le communiquer à l'Archevêque, qui étoit alors M. *de Chamilly*. Ce Prélat l'ayant lu n'eut pas de peine à en découvrir l'origine, à cause des propositions outrées qu'il contenoit; et il en défendit l'impression. Quelques Chanoines instruits de ce que l'Archevêque avoit décidé, firent assembler plusieurs de leurs confrères; et examinerent de nouveau la pièce. Les propositions les frapperent; ils furent surpris de ne les avoir pas apperçues, lorsqu'elles avoient été lues; ils en prévirent les conséquences, et nommerent sur-le-champ deux Commissaires, pour aller chez l'Imprimeur du Chapitre faire rompre la planche en leur présence, et enlever tous les exemplaires qui resteroient. Les Commissaires trouverent non-seulement la planche parfaite, mais encore 500 exemplaires. Ils en furent d'autant plus surpris que, lorsque le Chapitre fait imprimer des mandemens, il n'y en a jamais plus de 25 ou 30 exemplaires; ce nombre suffisant pour les Chapitres et les Paroisses qui sont dans sa dépendance. On connut par-là que le dessein des vrais auteurs de cette piece étoit de la répandre dans le Royaume, et de charger le Chapitre de toute l'iniquité. Les exemplaires furent donc apportés dans une salle de la Psallette, où ils furent brûlés en présence des Commissaires, & de quelques chanoines qui eurent la précaution de sauver de l'incendie deux exemplaires. L'Abbé *Duchamp-Dumont* s'étoit flatté que cet Ouvrage mis sous son nom, lui fraieroit le chemin à l'Episcopat, ou du moins à une abbaye. Voilà ce qui a donné occasion à la piece des *Rillons Rillettes*.

ARGUMENT
DES RILLONS RILLETTES.

Sur l'air: *Au printemps de mon hyménée.*

L'ABBÉ Dumont est un grand'homme,
Il soutient le Pape de Rome :
Des Tricornins il est l'écho ;
Et ce Dumont vient en droiture
De cet *à monte modico*,
Dont parle la Sainte-Ecriture.

Il a fait, ou s'est laissé faire,
En l'honneur de notre saint Pere,
Un beau Mandement imprimé ;
Mais cette œuvre est une relique
Qu'avec soin l'on a *supprimé*,

ARGUMENT.

Des mains du prophane *Laïque*.

Et comme il auroit pu se faire
Que le trop curieux vulgaire
Eut touché ce sacré dépôt ;
De le voir même étant indigne,
A Dieu l'on en fit aussi-tôt
L'holocauste le plus insigne.

L'impatient public enrage
De ne pas connoître un ouvrage
Qui fait une nouvelle *loi* ;
Car c'est-là qu'il auroit vu comme
Jesus-Christ n'a promis sa foi
Qu'à la seule église de Rome.

Quant à l'église universelle,
C'est une plaisante donzelle
Auprès du Pontife romain.
Il est l'arbre ; elle en est l'écorce :
Il est l'Evêque souverain,
Qui daigne lui prêter sa force.

Dans cette église dispersée ;
Les Prélats n'ont qu'une pensée
Sur la bulle & sur son grand prix.

ARGUMENT.

La saine doctrine est commune
Entre mille Evêques, compris
Ceux de l'empire de la Lune.

Du reste Dumont débonnaire
Deux parts presque égales veut faire
Au bout de sa péroraison.
Par lui la meilleure est choisie.
Or tout meilleur suppose un bon ;
Et tout bon exclut l'hérésie.

Il est, pour cause de services,
Sur la feuille des bénéfices,
Sans savoir par qui, ni par où.
Il aura l'*Abbaye* qu'il cherche,
Mais non pas la belle d'Anjou ;
Je sais que la sienne est du Perche.

———

ACTEURS DU PROLOGUE.

UNE RILLONNIÈRE.
UN IMPRIMEUR.
LE CHŒUR.
UN MUSICIEN.
UN ÉTRANGER.
ARLEQUIN.
DEUX PAYSANS.

PROLOGUE
DE LA PIECE

Le Théâtre représente une place publique, dans le fond de laquelle est la boutique d'une Rillonnière.

UN PAYSAN *à la porte de la Rillonnière.*

Air : *Réveillez-vous, belle endormie.*

Réveillez-vous, grosse endormie,
Vous leverez-vous à la fin ?
Haut le cul, Jeanneton, ma mie,
Nous mourons de soif et de faim.

L'AUTRE PAYSAN.

Air : *Sais-tu la différence ?*

Toute la nuit, à l'aise,
J'ai cru voir dans ton four,
Mon amour,

Du boudin sur la braise ;
Jarny, qu'il m'a tenté !
  Ma beauté ,
J'en aurois bien tâté.

UN MUSICIEN *de Saint-Martin.*

AIR : *Nicolas, va voir Jeanne.*

Cours au vin, mon grand George,
N'en tire pas pour peu.
Qu'ai-je donc dans la gorge ?
Non, ceci n'est point un jeu.
Nous aurons du fort temps ;
  Tu m'entends.
Vois comme l'air est en feu.

L'IMPRIMEUR *du Mandement.*

AIR : *Goûtons bien les plaisirs, Bergère.*

Jamais je n'ai mis sous la presse
Ouvrage tant à contre-cœur.
 Tout le monde s'empresse
 De le rendre à l'Auteur.
 Je sens une tristesse
 Qui présage un malheur.

PROLOGUE.

UN ÉTRANGER.

AIR : *Tous les Bergers pendans l'Automne.*

Qu'ont tous ces gens sous leur calotte ?
Ont-ils quelque noir chagrin ?
  Prenez du vin ;
Vous n'avez point d'antidote,
  Prenez du vin :
Vous n'avez point d'antidote
  Qui soit plus divin.

Tous ensemble.

A boire, à boire, à boire.
  Donnez-nous
De quoi boire à tous,
Donnez-nous de quoi à boire.

LA RILLONNIERE, *ouvrant sa boutique.*

AIR : *Les Olivettes.*

Et lon, lan, la : l'on vous va donner
Des ris, des ris, des rillons, des rillettes ;
Et lon, lan, la, l'on vous va donner
Des rillons à votre déjeûner.

Tome I.   P

LE CHŒUR.

Et lon, lan, la, l'on nous va donner
Des ris, des ris, des rillons, des rillettes,
Et lon, lan, la, l'on nous va donner
Des rillons à notre déjeûner.

LA RILLONNIERE.

AIR : *La Constitution va mal.*

Que chacun prenne son paquet,
Et que chacun affile son caquet,
Pour bien célébrer la gloire
De l'animal qui vous fait boire.

LE CHŒUR.

Allons, prenons notre paquet,
Et que chacun affile son caquet,
Pour bien célébrer la gloire
De l'animal qui nous fait boire.

ARLEQUIN *seul*.

AIR : *Les Olivettes.*

Et lon, lan, la, l'on vous va donner
Des ris, des ris des rillons, des rillettes :
Et lon, lan, la, l'on vous va donner
Des rillons à votre déjeûner.

LE CHŒUR.

Et lon, lan, la, l'on nous va donner
Des ris, des ris, des rillons, des rillettes;
Et lon, lan, la, l'on nous va donner
Des rillons à notre déjeûner.

Fin du Prologue.

ACTEURS.

LE CHANTRE.
LE PROCUREUR.
LE BATONNIER.
UN CHANOINE.
LE GRANGER.
Les COUSINS, ou les PRÉVOST de S. LÉRÉ et de S. ÉPIN.
UN LIEUTENANT de Police.
UN MAGISTRAT.
LE MAITRE de la Psallette.
LE SOUS-MAITRE.
LES ENFANS DE CHŒUR.
UNE COMTESSE.
UN IMPRIMEUR.
UN BOURGEOIS.
UN CAVALIER.
UN HUISSIER.
UN ÉPICIER.
UNE BEURRIERE.
UN MALADE.
Troupe de MACHICOTS et de MUSICIENS.
ARLEQUIN.
DES PAYSANS.
UN BRETON.
UN POITEVIN.
UN ANGEVIN.
DES IVROGNES.
UN SUISSE.
UN VALET.
UN RAMONEUR.
UN PORTEUR D'EAU.

LES RILLONS RILLETTES.

ACTE PREMIER.

Le Théâtre représente la salle de la Psallette de Messieurs de Saint-Martin.

SCÈNE PREMIÈRE.

ARLEQUIN *seul, parlant au Parterre.*

ALR : *Du Vaudeville du Grand Condé.*

Eh ! bon jour, mes amis.
Oh ! la belle assemblée ?
C'est des Jeux et des Ris
La troupe rassemblée.
Et y allons, et y allons, violons.
    Y allons donc,
Chantons joyeusement,
Tous les airs de Dumont,
Et de son mandement.

SCÈNE II.

Les enfants de Chœur jouent à la Tapette, jeu d'enfant, à deux tapes sur les cuisses, le ventre et les mains.

AIR : *Margot auprès de moi assise.*

Dumont s'attend d'avoir une abbaye,
Pour prix de son dévouement.
Oui, dit-il; car, jarni ma vie,
J'en aurai certainement.
Mais je crois que ce fier copiste,
Comme un arrogant,
Parle trop légèrement.
Ah! ah! ah! ah! ah! qu'il sera triste,
Quand, quand, quand on lui fera voir la liste !
Ah! ah! ah! ah! ah! qu'il sera triste,
Quand il verra la feuille au vent !

SCÈNE III.

LE PROCUREUR *du Chapitre survient ; les Enfants courent derriere les coulisses du Théâtre se cacher de frayeur. Il les rappelle, et les rassure.*

LE PROCUREUR *du Chapitre.*

AIR : *Petits Oiseaux, rassurez-vous.*

Rassurez-vous, petits enfants ;
Je ne viens point dans la Psallette,
Pour ordonner que l'on vous fouette,
Ni troubler vos jeux innocents.
C'est une affaire d'importance
Qui me conduit dans ces lieux écartés;
Et bien loin de vouloir gêner vos libertés,
Hélas ! dansez, sautez : ranimez votre
danse.

Les Enfants de chœur recommencent la tapette.

AIR : *Margot auprès de moi assise.*

Dumont comptoit avoir une Abbaye,
Pour prix de son Mandement.

Oui, dit-il, car, jarni ma vie,
J'en aurai certainement.
Mais depuis peu, ce fier copiste,
Parle à tout moment
De son mécontentement:
Ah! ah! ah! ah! ah! qu'il est donc triste,
Quand, quand, quand on lui montre la liste!
Ah! ah! ah! ah! ah! qu'il est donc triste,
Quand il voit la feuille au vent!

LE PROCUREUR *du Chapitre, se parlant à soi-même.*

AIR : *Si le Roi savoit la vie.*

Ah! que les plaisirs j'envie
De ces enfants! (*bis.*)
Voilà de toute leur vie
Le meilleur temps. (*bis.*)
Jamais tu n'en auras tant,
Mon cher enfant.

Le même s'adressant aux enfants.

AIR : *On dit qu'en Bourgogne.*

Le Granger (*a*) approche:

(*a*) Dignitaire du Chapitre.

Les moments sont doux.
Dumont l'on va mettre à la broche :
Mes enfants, retirez-vous.

SCÈNE IV.

LE GRANGER, LE PROCUREUR du Chapitre, et LE BÂTONNIER qui tient les exemplaires du Mandement.

LE GRANGER. (a)

AIR: *Croyez-vous qu'Amour m'attrappe.*

DE cet ordre si sévère
N'êtes-vous pas désolé ?
Je vous cherchois, mon confrère,
Et je suis tout essoufflé.
De cet ordre si sévère
N'êtes-vous pas désolé ?

―――――

(a) M. Granger étoit parent de l'Abbé Dumont, et avoit les mêmes principes ; il cherchoit à l'excuser. Le Procureur du Chapitre, fils d'un Avocat, veut exécuter à la lettre l'ordre qu'il a eu du Chapitre, et remplit exactement les fonctions de son emploi.

LE PROCUREUR.
AIR : *Le savant Diogene.*

Dans la ville de Rome
On brûleroit un homme
Qui raille notre loi :
C'est bien le moins qu'on brûle
Un œuvre ridicule,
Qui renverse la foi.

LE GRANGER.
AIR : *Aujourd'hui qu'on n'en a qu'une blonde, on la veut brune.*

Vous êtes bien difficile,
Vous vous échauffez la bile.
Pour me blâmer, je voudrois
Qu'il fût revenu de Grais. (*b*)

LE PROCUREUR.

Vous nous prenez pour des cruches ;
Vos raisons de fanfreluches
Ne sauroient de mon devoir
M'écarter, vous l'allez voir.

---

(1) Maison de campagne où l'Abbé Dumont étoit lorsque le Mandement fut brûlé.

LE BATONNIER.

AIR : *Toute ma philosophie consiste.*

Moyennant pareille emplette,
On pouroit fort bien, je crois,
Pour frire et pour fricasser dans la Psal-
lette,
Ménager pendant un mois
Bien du menu bois.

LE PROCUREUR.

AIR : *Amans qui, près de vos Maîtresses.*

Allons, Courson, (*a*) point de foiblesse;
Il faut bien allumer le feu.
Vous hésitez, ce semble, un peu :
Et je sens que le temps nous presse.
Croyez-moi, pour guérir ce fou,
Il faudroit lui rompre le cou.

DUO entre le GRANGER et le BATONNIER.

AIR : *Tu ne doit pas jeune Lisette, choisir un autre Berger que moi.*

Non, je ne saurois me défendre

---

(1) Nom du Bâtonnier, qu'on appelle ailleurs Bedeau.

De pleurer un si funeste sort.
Cet enfant jeune et tendre
En naissant est mort.
Je me flatte que de sa cendre
Il renaîtra plus grand, plus fort.

LE PROCUREUR.

AIR : *Qu'ils sont doux, bouteille ma mie !*

Qu'il est clair,
Ce beau feu de joie;
Qu'il est clair !
Certes il est sans pair.
Non, le Grec ne vit rien en l'air
De si plaisant, en brûlant Troye,
Ah ! ah ! ah ! ce beau feu de joie
Passe comme un éclair.

SCÈNE V.

LES COUSINS ou LES PREVOSTS DE S. LÉRÉ et de S. ÉPIN. (*a*)

LE PREVOST DE S. LÉRÉ.

AIR : *Tandis qu'ici-bas nous vivons, ect.*

Tandis qu'il est sur les tisons,
Mon cher cousin moralisons.
Regardons, regardons, regardons ces étincelles,
Elles nous diront
Que tout ainsi qu'elles,
Les plus beaux ouvrages périront.

LE PREVOST DE S. ÉPIN.

AIR : *Ma raison s'en va bon train.*

En faisant son Mandement,
Dumont, je ne sait comment,
Un endroit mal pris,
Par licence a mis ;

---

(1) Ce sont deux dignités de S. Martin. Ceux qui en sont revêtus se traitent de cousins.

Car licence il se donne,
Comme étant, (dont l'on est surpris,)
Licencié de Sorbonne
Lon, la,
Licencié de Sorbonne.

LE PRÉVOST DE S. LÉRÉ.

AIR : *Or nous dites, Marie.*

Or dites-nous donc comme.
En dépit du bon sens,
Un Sorboniste, un homme
A quarante-sept ans,
Abusant d'une lettre
Qu'écrivit Saint-Bernard,
Tant d'erreurs a pû mettre.
N'est-ce par hasard ?

LE PRÉVOST DE S. ÉPIN.

AIR : *Il a brisé tous les cerveaux.*

Non : son honneur il a vendu
Pour un évêché prétendu.
Mon cousin Prud'homme (*a*) se vante
Qu'il en aura les lods-et-vente.

---

(1) Receveur du censif du Chapitre.

RILLETTES.

LE PRÉVOST DE S. LÉRÉ.

AIR : *Les Fanatiques que je crains.*

Cousin, un peu de charité
Pour notre cher confrere,
S'il a de la vanité,
Hélas ! c'est son affaire.
Cet affront par-tout chanté
Lui sera salutaire.

LE PRÉVOST DE S. ÉPIN.

AIR : *De Joconde.*

On a grand tort, lorsque l'on dit
   Que Monsieur le Grand-Chantre
Est un orgueilleux sans esprit,
   Dont on rit, dès qu'il entre;
Car peut-il être contesté
   En aucune manière,
Que son Mandement n'ait été
   Tout rempli de lumière?

SCÈNE VI.

LE MAITRE DE LA PSALLETTE, LE SOUS-MAITRE, LES ENFANS DE CHŒUR, et LE BATONNIER DE S. MARTIN.

LE MAITRE DE MUSIQUE.

AIR : *Les bons pères sont à Matines.*

Venez, enfans, dans la Psallette
Voyez brûler l'abbé Dumont,
Et dites tous, dansant en rond,
J'entends le Mandement qui pette ;
Brûle, brûle, brûle petit Mandement.
Ah ! que tu brûles joliment.

Les Enfans répètent en dansant autour du feu.
Brûle, brûle, brûle petit Mandement.
Ah ! que tu brûles joliment.

LE MAITRE DE MUSIQUE.

AIR : *Ut queant laxis.*

Uterpe (1), fais moi

_____

(1) Pour *Euterpe.*

Répéter comme quoi
   Mille erreurs ont fait
Fabriquer ce Livret.
   Soleil *obscurci*
   La belle piéce qui
Si fort t'a noirci ! (1)

LE SOUS-MAITRE.
   AIR : *Lanturelu.*
Le Chantre a deux aîles, (2)
Lorsqu'en pompe il va;
S'il les avoit telles
   Qu'Icare en trouva,
   De nouveau la flamme
Ce téméraire eut fondu ;
Lanturelu, lanturelu.
   Les Enfans répètent.
Brûle, brûle, brûle petit Mandement,
Ah ! que tu brûles joliment.

LE BATONNIER.
   AIR : *Quand Moïse fit défense.*
Ce n'est point par vaine gloire

_____

(1) Par la fumée en brûlant.
(2) Les deux assistans qui sont à ses côtés les jours de cérémonie.

Qu'on lui vit tourner le cou ;
Mais c'est, comme on peut le croire ;
Pour suivre et regarder où
S'en va l'épaisse fumée,
Qui de son œuvre enflammée
Porte les flambeaux divers
Jusqu'au bout de l'Univers.

ENFANS DE CHŒUR.

Brûle, brûle, brûle, petit Mandement.
Ah ! que tu brûles joliment !

LE PREMIER ENFANT DE CHŒUR.
AIR : *O filii et filiæ.*

A Saint-Martin porte tes pas ;
Le lendemain du mardi, gras
Dumont des cendres donnera,
Alleluia.

ENFANS DE CHŒUR.

Brûle, brûle, brûle, petit Mandement.
Ah ! que tu brûles joliment !

LE SECOND ENFANT DE CHŒUR.
AIR : *Mirliton.*

Il ne verra plus personne
Après cet accident-ci ;

Car s'il voyoit sa mignonne,
La belle auroit du roussi
A son mirliton, etc.

ENFANS DE CHŒUR.

Brûle, brûle, brûle, petit Mandement.
Ah ! que tu brûle joliment !

LE TROISIEME ENFANT DE CHŒUR.

AIR : *Avez-vous vu ce héros chez Rigault ?*

De l'Autruche il a le pas.
Pourquoi pas ?
Elle digère une enclume :
Mais à digérer le feu,
Palsembleu,
Le grand-Chantre s'accoutume.

Tous ensemble en dansant.

Brûle, brûle, brûle, petit Mandement.
Ah ! que tu brûles joliment !

SCÈNE VII.

ARLEQUIN, *en pleurant.*
AIR : *Dies iræ, dies illa.*

J'ai rencontré M. Aulnet, (1)
Qui disoit, ôtant son bonnet :
Le Mandement est-il au net ?
Oui, répond le Chantre, il est fait.
C'étoit un ouvrage parfait ;
J'en attendois un bon effet.
Mais l'abbé Dubois, (2) ce dandin,
Par ordre l'a brûlé soudain.
J'enrage et vesse comme un daim.
Cela fait bien voir que souvent
Un livre imprimé, très-savant,
Au fond n'est que fumée et vent.

Fin du premier Acte.

───────────────

(1) Chantre de S. Martin, qui avoit une belle voix.

(2) Procureur du Chapitre.

ACTE II.

Le Théâtre représente le cabinet du grand Chantre.

SCÈNE PREMIÈRE
ARLEQUIN.

AIR : *Des plaisirs de la Ville.*

SI mon crayon fantasque
   S'étoit attaché
A peindre un corps flasque
   Sur l'orgueil huché,
Vous verriez sans masque
Le célèbre basque
   De l'Archevêché.
Mais j'aime mieux écrire
   Le bucher charmant,
Où l'on a fait cuire
   Le beau Mandement.
Du feu j'espérois voir
Sortir une Aigle éclose,
   D'un divin pouvoir :

Mais l'apothéose
Ne fit autre chose
Qu'un papillon noir.

SCÈNE II.

LE CHANTRE, LE GRANGER.

LE CHANTRE, *arrivant de Grais.*
AIR : *De landerirette.*

EN arrivant de campagne,
Par-tout un malin souris,
M'annonce que la montagne
N'a produit qu'une souris.
LE GRANGER, *finit en disant.*
C'est bien un rat,
Ne vous déplaise ;
C'est bien un rat
Plus gros qu'un chat.
LE CHANTRE.
AIR : *Il nous eût fait un cœur de pierre.*
Traiter de sorte un ouvrage,
Où sans vanité j'avois part !
Vous m'avouerez que cet outrage

Perce le cœur de part en part.

LE GRANGER.

Air : *Tout cela m'est indifférent.*

Le Chapitre certainement
N'a point brûlé ton Mandement :
A tort cher abbé, tu t'irrites ;
Celui qu'on a sodomisé
N'est que l'ouvrage des Jésuites,
Qui de ton nom ont abusé.

LE CHANTRE.

Même Air.

Ah ! cher ami, c'étoit le mien,
Et j'en enrage comme un chien.
Voyez la belle fantaisie !
D'un Mandement faire un flambeau !
Maugrebleu de la jalousie !
C'est ma faute : il étoit trop beau.

LE GRANGER.

Air : *Il faut partir car l'ordre presse.*

Souvent pour vouloir trop bien faire,
D'errer on se met au hasard ;
Par exemple dans cette affaire,
Pourquoi citer de travers Saint-Bernard ?

Vous avez-là pris Martre pour Renard;
Le feu vous galoppe au derrière.

LE CHANTRE.
Même Air.

Cette plaisanterie est fade,
Allez chanter *alleluia*;
Venez-vous me faire bravade,
Petit esprit? vous seriez *à quia.*
Vous n'entendiez ni à *hu* à *dia*;
Il vous faut du foin, camarade.

LE GRANGER.
AIR: *Donnez-nous encore chopine.*

En lisant l'histoire Romaine,
A Dumont je dis l'autre jour:
Ton espérance n'est point vaine,
Continue à faire ta cour.
Tu seras bientôt notre maître;
Et de doute je n'en fais nul.
Un âne Evêque peut bien être,
S'il est vrai qu'un cheval fut Consul.

SCÈNE

SCÈNE III.

LE CHANTRE, SON VALET, UN RAMONNEUR, UN PORTEUR D'EAU.

LE RAMONNEUR, *à la porte du Chantre.*
AIR : *Du Ramonneur.*

On *crie* par toute la ville
Que voulant faire des *rilles*,
La flamme a fait du fracas.
Ramonnez-ci, ramonnez-là, là, là, là :
Ouvrez donc vîte : me voilà.

LE PORTEUR D'EAU.
AIR : *Flon, flon.*
Te suivant à la piste,
J'apporte mes seaux d'eau.
Frappe : qu'on ouvre vîte.
Redouble du marteau,
Et flon, flon, flon, etc.

LE VALET *ouvre, et demande qui leur a dit de venir*

LE PORTEUR D'EAU.

Air : *Pierrot reviendra tantôt.*

Un Bâtonnier de Saint-Martin, (*bis.*)
Que j'ai trouvé dans mon chemin, (*bis*)
Crioit : à l'eau, à l'eau, à l'eau :
Courez vîte à l'eau.

LE RAMONNEUR.

Air : *Étant sur le Pont neuf.*

J'étois au portail neuf,
Dormant tout à mon aise,
J'entends crier au feu
Qui réduit tout en braise :
J'ouvre les yeux et vois paroître
Une épaisse fumée obombrant tout le cloî-
tre.

LE CHANTRE, *à la fenêtre.*

Air : *Maître André ne vit plus.*

Qui est là ? qui est là ?

LE RAMONNEUR.

Ramonnez-ci, ramonnez-là :
Ouvrez donc vîte, me voilà.

LE PORTEUR D'EAU

De l'eau, de l'eau, de l'eau ;
Ouvrez vîte : à l'eau.

LE CHANTRE.
AIR : *Ruisseaux, qui dans la plaine.*
 Amis, qui dans la peine
 Venez me secourir,
 Hélas ! il faut périr.
 Pitié stérile et vaine !
 Les maux que je ressens
 Sont trop vifs, trop cuisants.
LE RAMONNEUR, *s'en allant.*
Ramonnez-ci, ramonnez-là, là, là, là,
 Ouvrez vîte, me voilà.
LE PORTEUR D'EAU, *s'en allant.*
 A l'eau, à l'eau, à l'eau ;
 Courez vîte à l'eau.

SCÈNE IV.

* UNE COMTESSE, *Amie du Chantre*,
LE CHANTRE ET LE GRANGER.
LA COMTESSE.
AIR : *Ruisseaux, qui dans la plaine.*

Bon jour : quelle nouvelle ?
Grand-Chantre, que dit-on ?

---

* Madame la Comtesse Dubreuil.

La Constitution
A Tours comment va-t-elle ?
T'a-t-on fait compliment,
Sur ton beau Mandement ?

LE CHANTRE.

Grand Dieu ! belle Comtesse.
De quoi me parlez-vous ?
Jettez un œil plus doux
Sur le mal qui me presse.
Hélas ! faut-il brûler,
Et n'oser en parler ?

LA COMTESSE.

AIR : *Noblesse n'est pas vétille.*
Grand raconteur de vétilles,
Jean Gille, Gille, joli Jean ;
Que m'importe que tu grilles ?
Jean Gille, Gille, joli Jean ;
Joli Jean, Jean Gille, Gille, joli Jean.

LE CHANTRE.

AIR : *Ma Mere, mariez-moi.*
Madame, pardonnez-moi,
Vous saurez la *raison pourquoi.*
C'est que le feu,

Depuis peu.
Malheureusement,
Par un Jugement,
C'est que le feu
Depuis peu,
A pris à mon Mandement.

LA COMTESSE.

AIR : *Non, non, je ne veux pas rire.*

En ce cas-là, mon cher Dumont ;
Je prends grande part à l'affront,
Eh ! quoi ! l'on t'a fait frire !
Et non je n'en veux pas rire, non ;
Non, non, je n'en veux pas rire.

LE CHANTRE.

AIR : *Belle Brune.*

Inhumaine !
Inhumaine !
Quoi ! jusqu'au milieu du feu,
Vous vous riez de ma peine !
Inhumaine !

LA COMTESSE, *en se moquant, répète.*

Comment on t'a fait frire !
Mon non, je n'en veux pas rire, non ;
Non, non, je n'en veux pas rire.

LE GRANGER, *à part.*

AIR : *Un petit Capucineau qui n'est pas hypocrite.*

Si le Chantre radieux
Approchoit de sa belle,
Le fait seroit curieux :
Jupin couvriroit de feux
Sémele, Sémele, Sémele.

LA COMTESSE et L'ÉTRANGER, *ensemble.*

Eh ! quoi ! l'on t'a fait frire !
Non, non je n'en veux pas rire.

SCÈNE V.

L'IMPRIMEUR, *nommé Berthe*, LE CHANTRE, LA COMTESSE, ET L'ÉTRANGER.

L'IMPRIMEUR.

AIR : *Je suis le barbier du village.*

JE suis un Imprimeur habile,
Barthe nommé,
Par qui ton livre en cette ville

Fut imprimé.
Il s'agiroit présentement
De pourvoir à son paiement.

LE CHANTRE.
Même Air.

Voyez comme il est, ce pécore
   Emoustillé !
Mon Mandement n'est point encore
   Éventillé.
Si chacun en paye sa part
Je n'en dois pas le demi-quart.

L'IMPRIMEUR.
AIR : *La Cavalière.*

 Est-ce ma faute,
Si ce beau Mandement est frit ? (*bis.*)
Faut-il que mon salaire on m'ôte ?
Parce que tout le monde en rit,
 Est-ce ma faute ?

LE CHANTRE.
AIR : *Que fais-tu, bergere, en ce beau verger?*

Mon cher, en chapitre
J'irai dès demain;
Là, je suis l'arbitre
Et le souverain.

J'enverrai sur l'heure
Te porter mandat.
Près de moi demeure
Mon grand candidat. (1)

L'IMPRIMEUR.

Air : *Pierrot revenant des champs.*

Avec cet air dominant,
Tout dandinant,
Payez-moi vîte comptant
Cinq cents exemplaires ;
Ce sont vos affaires.

LE CHANTRE.

Air : *Des Folies d'Espagne.*

Sors de chez-moi: ce sot discours m'empêche
D'expédier mes lettres pour la cour.
J'entends midi, faut que je me dépêche:
J'écris pourtant dès la pointe du jour.

L'IMPRIMEUR.

Air: *L'autre jour dessous un ormeau j'étois seulette.*

Foin de toi, foin du Cardinal,

---

(1) Chanoine attaché au Grand Chantre.

Foin des réponses.
Peste de l'original !
Tu ne feras pas mal
D'écrire à tous les Nonces :
Mais avant paye, morbleu,
Ou tu verras beau jeu.

LE CHANTRE, *voyant entrer deux Jésuites.*

AIR : *Vengez-moi d'une ingrate maîtresse.*

Vengez-moi d'un coquin qui m'outrage,
Chers amis, pour qui j'ai fait l'ouvrage,
Ce maraud veut me prendre au collet.
Eh ! quoi donc ! vous fuyez ! ah ! j'enrage.
C'est le prix d'être votre valet.
Que d'affronts par-tout je m'entends dire :
Brûle, brûle, abbé, brûle, martyre ;
Tous tes cris, tous tes pleurs nous font rire.

L'IMPRIMEUR.

AIR : *Pierre Bagnolet.*

Marchand qui perd n'a point envie
De rire et de se réjouir.
Mon travail me gagne ma vie ;
Tu la gagnes dans le loisir.
Marchand qui perd n'a point envie
De rire et de se réjouir.

LE CHANTRE.

AIR : *Or écoutez, petits et grands.*

Oh ! nous perdons également ;
Moi ma gloire, et toi ton argent.
Oh ! reguingué, oh ! lon, lan, la.
Mais tu dors, de par tous les diables ;
J'en connois de plus misérables.

L'IMPRIMEUR.

Est-ce que vous ne dormez pas ?

LE CHANTRE.

Non.

L'IMPRIMEUR.

AIR : *Les Rats.*

Ah ! ce sont vos rats
Qui font que vous ne dormez guère :
Ah ! ce sont vos rats
Qui font que vous ne dormez pas.

LE CHANTRE.

Même Air.

Toujours la belle ame
Grands dangers courut ;
A travers la flamme,
Elle arrive au but.

LE GRANGER.
Mais la gloire altière
Fait bien des faux pas.
TOUS ENSEMBLE.
Même Air.
Tous ces gens-là ne dorment guère,
Tous ces gens-là ne dorment pas.
Dumont, sont vos rats
Qui font que vous ne dormez guère;
Dumont sont vos rats
Qui font que vous ne dormez pas.

Fin du second Acte.

ACTE III.

Le Théâtre représente le Cloître de Saint-Martin.

SCÈNE PREMIERE.

ARLEQUIN.

AIR : *Guillot est mon ami, quoique le monde en raille.*

Dumont n'a point d'ami ;
Tout le monde le raille.

Ce n'est qu'un étourdi :
Son feu n'est que de paille.
On ne voit rien en lui,
Qui, qui,
Qui ne déplaise.
On se rit
De sa fournaise,
Car, s'il meurt de dépit,
On rit d'aise.

SCÈNE II.

LE CHANTRE, *sortant de chez lui,*
à SON VALET *qui veut le suivre.*

AIR : *Dessus le pont de Nantes.*

Non, il est inutile :
Je fais un tour de ville,
Je reviens à l'instant.
Je ferai mon *quadrille*
Chez le gros président.

LE VALET.

AIR : *Flon, flon.*

Votre lettre à la poste,
Monsieur faut-il porter ?

LE CHANTRE.
AIR : *Dessus le pont de Nantes.*
Elle n'est pas bien complette.
Qu'est-ce qui m'inquiette ?
Tire ma table un peu.
Je crains qu'une bluette
N'aille y mettre le feu.

UN IVROGNE, *derrière le Théâtre.*
AIR : *Une veuve en appétit dans son lit.*
C'est le grand Chantre Duchamp, (1)
Tout dolent,
Qui dit à chaque passant :
Auriez-vous par aventure
De l'onguent, de l'onguent,
De l'onguent pour la brûlure ?

LE CHANTRE.
AIR : *Pour tous les maux que m'a fait ma Sylvie.*
Je ne sais pas ce que cela veut dire ?
Mais le monde devient fou sur ma foi.
J'entends par-tout chanter une satyre,
Qui pourroit bien être faite sur moi.

---

(1) Nom de famille du Grand Chantre.

LES RILLONS

UN AUTRE IVROGNE, *derrière le théâtre.*

AIR: *Lampons, lampons.*

En chaire ou on a bien parlé
De Monsieu d'Azai brûlé.
Pour lui faire une quête,
Mon aumône est toute prête,
Du vent, du vent (2)
Pour tous ces moulins à vent.

LE CHANTRE.

AIR: *Qui gratte, qui gratte? mon mari est ici.*

Voilà de la besogne
Bien faite assurément !
Cachons-nous, cet Ivrogne
Me paroît fort plaisant.

---

(1) Il fait un pet.

SCÈNE III.

LES DEUX IVROGNES, *sur le Théâtre.*

LE PREMIER IVROGNE.

AIR : *Le bon vin et la bonne chère guident l'amour.*

Quand je vois Dumont dans sa chaise,
Tout glorieux,
Et son Mandement lumineux,
Je crois voir Elie à son aise,
Dans un char de flamme et de braise,
Montant aux cieux.

LE DEUXIÈME IVROGNE.

AIR : *Ton, relon, ton, ton.*

Lorsque Dumont se mit en équipage,
J'augurai mal son ambition.
Garde le feu, qu'il ne prenne à l'ouvrage;
Comme il avint au pauvre Phaëton ;
Ton, relon, ton, ton, la tontaine, la tontaine, ect.

Les deux Ivrognes chantent l'un après l'autre les couplets suivants, et tour-à-tour font le maître d'École et l'Écolier, en se tiraillant les oreilles.

LE PREMIER.
AIR ! *Du fleuve d'oubli.*

Je suis monsieur de Bataille, (1)
Qui montre à lire un a , a , a , a.
Tu ne lis rien qui vaille,
Or sus, Butor, viens çà, a a, a.
Oui, tu n'es, sur ma parole,
Qu'un parfait ignorant.
    Mon enfant,
A l'École, à l'école, à l'école;

LE DEUXIÈME.
Il faut lire un Saint-Pere,
Avant qu'il soit cité, é, é, é.
En faisant le contraire,
Vois comme on t'a traité, é, é, é.
Oui, tu n'es, etc.

DE PREMIER.
Çà donc, lisons ensemble
Ce passage chéri, i, i, i.
Pour qui seul, se me semble,

―――――――――――――――

(1) Nom d'un Maître d'école de Tours,

Ton livre fut flétri, i, i, i.
Oui, tu n'es, etc.
LE DEUXIÈME.
Quoi Saint-Bernard tu cites,
Pour le Saint-Pere ? oh! oh! oh! ho! ho!
Et sans en voir les suites,
D'abord tu dis *ergo*, o, o, o.
Oui, tu n'es, etc.
LE PREMIER.
Quand ce docteur à Rome
Donne un droit absolu, u, u, u.
Dans le cerf est, pauvre homme !
Le corps sous entendu, u, u, u.
Oui, tu n'es, etc.

LE CHANTRE, *sortant des coulisses tout en colère, dit* :

AIR : *Que j'estime mon cher voisin.*
Qui vous apprend, vrais sacs-à-vin,
A faire des ouvrages ?
Je vous.... Mais certes dès demain
On vous rendra plus sages.
UN DES IVROGNES.
AIR: *Margot la Ravaudeuse.*
Quoi ! tu te formalises

D'un traitement si doux ;
Et que de tes bêtises
Nous rions entre nous :
  A genoux.
  Ces sottises
Méritent châtiment ;
Fouettez cet enfant.

SCÈNE IV.

LE CHANTRE, LES DEUX IVROGNES, ET UN SUISSE.

LE SUISSE, *à un de ces Ivrognes.*
AIR : *Trompette des Suisses.*

MONSIRE, je ty prie dire à moi comment
On bruli sti Mantement ?
  Car moi raisonne
  Comme un'personne
Qui saffre la science saffamment.
Monsire, etc.

L'IVROGNE.
AIR : *J'avois cent francs.*
Monsire, j'en suis,

Comme vous, fort en peine :
Mais plus je m'en démène,
Et ma foi, moins je puis....
Voilà l'auteur.
Demandez à lui-même
Raison du malheur,
Ce que je *sai*;
Par un bonheur extrême,
C'est qu'il est brûlé.

LE SUISSE, *au Chantre.*

Monsire....

LE CHANTRE *l'interromp en colère.*

AIR : *Iris, est-il un cœur qui ne vous cède.*

Monsieur, des ennemis, en mon absence,
Ont formé contre moi la trahison,
Mais, avant qu'il soit nuit, j'en aurai vengeance,
Et me fait un plaisir de les voir en prison.

Le Suisse, voyant cette colère, fait une grimace, et se prend le nez comme s'il avoit senti une mauvaise odeur.

L'IVROGNE, *dit au Suisse :*

AIR : *Quand je tiens de ce jus d'Octobre.*

Lorsqu'on se trouve dans la presse,

Auprès de l'homme que voici ;
On croit toujours que quelqu'un vesse,
Et si personne n'a vessi.

L'AUTRE IVROGNE.

AIR : *De Jean de Nivelle.*

C'est qu'un bel ouvrage il a fait , (*bis.*)
Qui n'a pas plus duré qu'un pet ; (*bis.*)
Mais l'odeur en est éternelle.
Et haye , et haye au vent ,
Jean de Ni , Jean de Ni , Jean de Nivelle ,
Et haye et haye au vent
Jean de Nivelle et son Mandement.

Fin du troisième Acte.

ACTE IV.

Le Théâtre représente le Quai de la Ville de Tours.

SCÈNE PREMIÈRE.

ARLEQUIN.

AIR : *A trop aimer l'ame se déconcerte.*

Oui, j'espérois, après cette entreprise,
Que je verrois l'Abbé Dumont confus,

Mal j'augurois, puisqu'en vain dans l'église
Je chercherois un humble: il n'en est plus.

SCÈNE II.
LE PROCUREUR DU CHAPITRE ET UN CHANOINE.
LE CHANOINE.

AIR: *Ah! qu'il y va gaiement, ma Bergère!*

Vous avez vu le Mandement;
Ah! qu'il y va gaiement!
Est-il vrai que ce jeune enfant
Parle une langue étrangère?
Ah! qu'il y va mon confrère,
Ah! qu'il y va gaiement!
 Est-il vrai que ce jeune enfant,
Ah! qu'il y va gaiement!
Est plus éclairé, plus savant,
Que n'étoient les Saints *Pères?*
Ah! etc.
 Est plus éclairé, plus savant,
Ah! qu'il y va gaiement!
Et que déjà, dès en naissant,

Il est brillant de lumière ?
Ah ! etc.

Et que déjà, dès en naissant,
Ah ! qu'il y va gaiement !
Vous l'avez reçu galamment,
M'en ferez-vous un mystère ?
Ah ! etc.

TOUS DEUX ENSEMBLE.

Vous l'avez reçu galamment,
Ah ! qu'il y va gaiement !
Vous préparez apparemment
A son papa même chère.
Ah ! etc.

LE PROCUREUR.

AIR : *Ma bergère ne songe qu'à se faire aimer.*

Tout le monde,
Après avoir vu l'imprimé,
Dit en ronde,
Soit supprimé
Moi, sans faute
Je pars ; et vous eussiez vu dans l'instant
Comme il saute
Dans un brasier ardent,

RILLETTES. 215
L'AMI.
AIR: *Ah! que Monseigneur est charmant!*
Je conçois que facilement,
Le feu prit à ce Mandement :
Il auroit tout également
  Consommé le squelette ;
Je conçois que facilement
S'embrâse une allumette.

SCÈNE III.

Le Théâtre représente le Portail neuf et des Étrangers, qui descendent le long de la Loire et arrivent au Port.

LES ÉTRANGERS.
AIR : *Vogue la galère.*
Au lever de l'aurore,
Nous sommes en chemin.
Nous voguerions encore,
Mais nous manquons de vin.
Eh ! vogue la galère, etc.
Ce brûlant météore,
Sortant de saint-Martin.
Tu le voyoit, pécore,

Sans en savoir le fin.
Et ! vogue la galère, etc.
Telle est une ame pure,
Sans péché, clandestin,
Sans tache ni souillure,
Au ciel faisant chemin.
Et ! vogue la galère, etc.

SCÈNE IV.

Les Étrangers sortent du Bateau.
UN BRETON, *dit à un batelier du Port.*
AIR : *La calembredaine.*

On nous a dit que Dumont.
Est des plus en peine,
Qu'il reçoit un grand affront
Pour quelque fredaine.
Dites-nous donc, mes amis,
Quelle faute il a commis.
A-t-il fait la cala, la calembredaine ?
TOUS LES BATELIERS.
AIR : *Elle a bien autre chose qui surpasse cela.*
Oh ! c'est bien autre chose
Qui surpasse cela.

UN

UN BATELIER DU PORT.

AIR : *A la façon de Barbari.*

Il avoit fait un Mandement
    Pour convertir nos ames ;
Mais le chapitre promptement
    Le réduit tout en flammes.
Il l'a fait aussi, ce dit-on,
    La faridondaine, la faridondon,
Pour mieux éclairer nos esprits,
    Biribi,
A la façon de Barbari, mon ami.

UN POITEVIN.

AIR : *Quand je choisis le plus grand verre.*

Est-ce un conte de mere l'oie,
Ou si c'est véritablement,
Que le Chantre aux flammes en proie,
Prêta son bâton d'ornement,
Pour faire un *Mai* au feu de joie
Qu'on faisoit à son Mandement ?

UN ANGEVIN.

AIR : *Sois complaisant, affable.*

Je n'ai point vu cette piece imprimée,
Qui par le feu vient d'être consumée,
    Mais

A juger par la fumée,
L'ouvrage sentoit mauvais.

LES BATELIERS, *pendant que les Etrangers se r'embarquent pour aller à Angers.*

AIR : *Lere, la, etc.*

Vous direz à monsieur d'Angers,
Combien a couru de dangers
De *Benets* son grand vicaire ;
Lere, la, lere, lan, lere
Lere, la, lere, lan, la.

LES ÉTRANGERS.

Nous dirons à monsieur d'Angers
Combien a couru de dangers
Son Benêt de grand vicaire,
Lere, la, etc.

LES BATELIERS.

Par ma foi vous dites des mieux,
Car il est vraiment tous les deux,
Le grand Benêt et grand Vicaire !
Lere, la, lere, lan lere,
Lere, la, lere, lan, la.

---

* Le sieur Dumont étoit Grand Vicaire de M. d'Angers, dans un canton de son Diocèse qui se nomme *Benets*.

SCÈNE V.
DEUX PAYSANS.
PREMIER PAYSAN.
AIR : *Ton humeur est, Catherine.*

TARTEGUENNE, mon compère,
En buvant chopeine à Tours,
On marmuroit d'une affaire ;
Car on marmure toujours.
Le bruit étoit à l'encontre
D'un millour de Saint-Martin ;
C'est de stilà qui remontre
A ceux qui vont au lutrin.

SECOND PAYSAN.
Oh ! je sais qui tu veux dire,
Je le connois mieux que toi.
C'est ly qui fait le biau sire,
Qui se croit plus que le Roi :
Quand j'épousis colinette,
N'étois-je pas le Closier (1)
De ste femme qui le guette
Toujours darriare un pilier ?

___
(1) Homme qui cultive la vigne.

PREMIER PAYSAN.
AIR : *Etes-vous de Saint-Denis ?*
Tu l'as deviné, c'est l'y.
SECOND PAYSAN.
Vraiment, mon compere, oui.
PREMIER PAYSAN.
Veux-tu savoir son histoire ?
SECOND PAYSAN.
Vraiment, mon compere, voire;
Vraiment, mon compere, oui.
PREMIER PAYSAN.
AIR : *Flon, flon.*
Il avoit fait un livre;
Mais par un accident,
L'Imprimeur, étant ivre,
A mis le feu dedans.
Et flon, flon, larira, dondaine,
Gué, gué, gué, larira, dondé.
SECOND PAYSAN.
AIR : *Que n'est-elle comme mes bottes ?*
Tu raisonne comme un belitre;
Monsieur le curé nous a dit,
Que c'étoit morgué le chapitre,
Qui pour des raisons le brûlit.

PREMIER PAYSAN.

AIR: *O lire.*

Et pour quelles raisons ?   (*bis.*)
T-a t-y voulu les dire ?
  O lire, ô lire ?
T-a t-y voulu les dire ?
  O liron, fa.

SECOND PAYSAN.

AIR: *La première nuit de mes nôces.*
C'est à cause que cet homme
Avoit avancé du sien,
Que l'Archevêque de Rome
Étoit tout ; les autres rien.

PREMIER PAYSAN.

AIR: *Mais qu'ils sont fins ces drôles de Moines !*
  Mais, il est fou,
  Ce drôle de Chantre,
  Mais il est fou.

Fin du quatrième Acte.

ACTE V.

Le Théâtre représente la Salle d'audience de la Police.

SCÈNE PREMIÈRE.
ARLEQUIN.
AIR : *Dans le bel âge.*

A Chaque Fête, (1)
On voit le Chantre, au chœur,
Changer sa tête,
Et ses mains de couleur.
Mais, en l'honneur de Dieu,
Ayant cuit depuis peu,
A porter il s'apprête
Ses gants couleur de feu,
A chaque Fête.

---

(1) Le Chantre porte des gants et une pièce d'étoffe sur sa tête de différentes couleurs, selon les Fêtes.

SCÈNE II.

UN CAVALIER, UN MAGISTRAT, UN BOURGEOIS.

LE CAVALIER.
AIR : *Ton, re, lon, ton, ton.*

Vous me voyez, mes amis, en colère;
Deux révérends m'ont fait tourner l'esprit.
De leur *Dumont* ils faisoient un saint Père,
Et de *Grécourt* ils faisoient l'antechrist.
    Et ton, relon, ton, ton,
    Grécourt sait l'art de plaire;
Et d'ennuyer, c'est le fait de *Dumont*.
    Et ton, relon, ton, ton,
    Allez vous faire faire:
    Et ton, relon, ton, ton,
    Foin de votre *Dumont*.

LE MAGISTRAT.
AIR : *C'est la pure vérité.*

    Tout ce qu'on dit de *Grécourt*,
Tout ce qu'on écrit en cour,
Ce n'est qu'une médisance;
Mais de vous, maudite engeance

Qui manquez de charité,
Si l'on disoit ce qu'on pense,
Quelle affreuse vérité !

LE BOURGEOIS.
Même air.

De faire comparaison
Entre *Grécourt et Dumont*,
Vous avez la conscience !
Qui mérite préférence,
Simplesse, ou fatuité ;
Ou la trompeuse apparence,
Ou l'aimable vérité ?

LE CAVALIER.
Même air.

Ce parallele hideux
Blesse absolument les yeux ;
Il choque la bienséance.
Celui ci, pour la science,
Doit par-tout être vanté.
Celui-là, pour l'ignorance,
Doit par-tout être chanté.

LE MAGISTRAT.
AIR : *Non, non, il n'est point de si joli nom.*

L'un est au Temple de gloire

Assis, comme de raison ;
L'autre au Temple de mémoire
Ne seroit, sans la chanson.
  Non, non :
On peut se faire un joli nom ;
En faisant bien des sottises.
  Non, non :
On peut se faire un joli nom,
Je m'en rapporte à *Dumont*.

LE BOURGEOIS.
Même air.

Celui-là tout près d'Horace,
Aura sans doute un sopha :
Celui-ci n'aura de place
Qu'au pettoir, s'il y en a.
  Non, non :
On peut se faire un joli nom ;
En torchant bien des *derrières*.
  Non, non ;
On peut se faire un joli nom,
En fournissant le coton.

LE CAVALIER.
Même air.

Entre les Doctes pucelles ;

Grécourt le nectar boira :
Des lavures des écuelles
Dumont se contentera.
  Non, non :
On peut se faire un joli nom,
En écurant les vaisselles.
  Non, non :
On peut se faire un joli nom,
En servant de marmiton.

LE MAGISTRAT.

AIR : *Sais-tu la différence.*

Voici la différence
  Que je fais de ces gens,
    Mes enfans.
Grécourt, par sa présence,
  Ravit ; mais la fadeur
    Du Docteur,
Empoisonne le cœur.

SCÈNE III.
LE LIEUTENANT DE POLICE, UN HUISSIER, UN MALADE, UNE BEURRIÈRE, UN ÉPICIER, UN IMPRIMEUR, ET LE CHANTRE.

L'HUISSIER.

Air : *Voici les Dragons qui viennent.*

Des plaignants la cour abonde ;
Les entendrez vous ?

LE LIEUTENANT DE POLICE.

Oui, fais entrer tout le monde.

L'HUISSIER.

Ça, qu'on s'arrange à la ronde ;
Approchez-vous,
Approchez-vous.

LE MALADE.

Air : *Amans qui, près de vos maîtresses.*

Étant sujet au cours de ventre,
J'avois consigné deux écus,
Pour avoir cinq cens torche-cus
Du mollet Mandement du Chantre ;
Mais au feu tout étant jetté,

Je demande une indemnité.

DEUX PLAIGNANS.

Air : *Bannissons la mélancolie.*

La beurière avec l'épicier.
Sont venus pour apprécier
Certain libelle fanatique ;
Permettez qu'on le revendique :
Permettez, permettez donc
Qu'il aille dans notre boutique,
Permettez, etc.
Permettez qu'on le revendique.

LES DEUX PLAIGNANS, *au Chantre.*

Que dites-vous, hola ?

LE CHANTRE.

Il m'est avis que l'on me foure
Dedans le cul un tire-boure.

LE LIEUTENANT DE POLICE.

Air : *Si Margoton avoit voulu.*

Vous auriez tous deux votre part :
Mais vous êtes venus trop tard,
Le temps passé n'est plus,
  Ta, la, la, la, la, la, la,
Le temps passé n'est plus :
Et le libelle n'est plus.

L'IMPRIMEUR.

L'IMPRIMEUR.

AIR : *Mon mari est à la taverne.*

J'avois pris la liberté grande
De critiquer quelques endroits.
Nigaud, qui tes avis demande ?
Répondoit-il à chaque fois ;
Et m'insultant s'est mis à dire :
Ta, tarelita, ta, tarelitala, lerire.

LE LIEUTENANT DE POLICE.

AIR : *Uu jeune Capucin.*

A ces plaintes que voilà,
Dumont, quelle réponse ?

LE CHANTRE.

Je me moque de cela.
Si vous le prenez par-là ;
J'exponse, j'exponse, j'exponse.

LE LIEUTENANT DE POLICE.

Comment ! vous exponsez !
Que cela veut-il dire ?

LE CHANTRE.

AIR : *Aimable vainqueur.*

Aimable Seigneur,
Que j'aye l'honneur
De plaider ma cause.

Lundi dernier... Chose...
En sortant du chœur,
Me dit d'attendre ;
Qu'il vouloit m'apprendre
Qu'un tel Imprimeur....
 Tu peux,
 Si tu veux.
Lisant tout l'ouvrage,
Trouver chaque page
Conforme à mes vœux.
 Quand j'ai cité
 Cette autorité
Vivante et parlante :
Saint-Bernard enchante ;
 Tout est bien traité.
 Ah ! cher ami ,
Par la Chambre ardente
 Dois-je être puni ?

LE LIEUTENANT DE POLICE.
AIR : *Il est revenu de la Ville.*
 Parties Ouies.
Nous ordonnons que le chapitre
Te fasse attacher au pupitre.
Et donne à chacun un écu ,
Pour te bien tambouriner les fesses ,

RILLETTES. 231

Pour te bien tambouriner le cu.

En exécution de la Sentence, les plaignans se mettent en devoir de fouetter le Chantre. Heureusement pour lui il se trouve dans la salle une hotte dans laquelle il se jette. Le Lieutenant de Police s'en va ; les Plaignans le rappellent : Monsieur, Monsieur. *Il répond :* qu'est-ce qu'il y a ?

AIR : *J'en avons tant ri.*

On ne sauroit fesser sur lui.
J'en avons tant ri ;
Voyez donc comme il s'est tapi,
Le cu dans une hotte !
J'en avons tant ri ;
J'en rirons bien encore.

SCÈNE IV.

LE CHANTRE, *Troupe de* MACHICOTS *et de* MUSICIENS.

LE CHANTRE.

AIR : *De Pirithoüs :* Vous qui suivrez bientôt les loix.

Vous, qui par vos tendres accens,
Enchantez les chagrins cuisans,

Chantez, calmez la douleur qui me presse.
Machicots, animez vos chants ;
Que les Bassons retentissans
Rendent à mon cœur l'allégresse.

UN MACHICOT.

AIR : *De l'Hirondelle.*

Toi qui seul fait notre modèle,
Et qui sous l'ombre de ton aîle
Captives les chantres soumis :
Quand je vis brûler ton libelle,
En le voyant en l'air, je dis :
Qu'il vo... le où l'Evêché t'appelle!

AUTRE MACHICOT.

AIR : *Vaste mer.*

Ordre injuste, et toi feu téméraire,
Qui détruit ce divin Mandement,
Il étoit la pierre angulaire
Qui devoit à la foi servir de fondement.
Non, non, non, non, en dépit du Destin,
Il sera ce Phénix introuvable ;
Il se rit... il se rit d'un feu peu durable,
Qui donne une gloire sans fin.

DEUX MACHICOTS.
Ensemble.

AIR : *Hélas ! une chaîne si belle.*

Hélas ! arrosons de nos larmes ;
Ce poupon plein de charmes :
Hélas ! conservons dans un pot
Les cendres du marmot.

TROISIÈME MACHICOT.

AIR : *Au généreux Roland.*

Vous que j'aurois juré très-exempt de foi-
blesse,
Vous paroissez accablé de douleur.
Que dira-t-on d'une telle mollesse ?
Elle dément votre superbe cœur.
Rappellez de vos sens la suprême puis-
sance ;
Ne vous laissez pas accabler,
Rien ne nous marque plus de l'ame l'ex-
cellence,
Son origine, et sa divine essence,
Que le mépris des maux qui la veulent
troubler.
Triomphez en galant homme,
Triomphez des plus grands maux :
Ce n'est qu'aux plus vils animaux

Qu'il est permis de plier sous la somme.

LE CHŒUR.

Triomphez en galant homme,
Triomphez des plus grands maux,
Ce n'est qu'aux plus vils animaux
Qu'il est permis de plier sous la somme.

SCÈNE V. et dernière.
ARLEQUIN.

Air : *Margot la Ravaudeuse.*

SI tu chéris la gloire,
Te voilà cher Dumont,
Au Temple de mémoire,
Mais apprends que ton nom,
  Et renom,
  Sans l'histoire
Que je fis bouffonnant,
  Seroient au néant.
  Rends donc grace à ma plume
Qui t'a bien décrassé.
Si mon feu se rallume,
Te voilà fracassé,
  Fracassé.
  Sur l'enclume

Mon marteau frappera.
Dis ton *libera*.
Cet essai de ma lyre
N'est qu'un foible début
Des traits de la satyre
Dont tu seras le but.
Le début
A fait rire :
Juge ce que fera
Tout un Opéra.
Fin.

TABLE

DES MATIÈRES
contenues dans ce premier Volume.

AVERTISSEMENT. page 1
Le Chêne et l'Ormeau, fable, au Roi. 3
L'Épée et la Balance, fable, au Cardinal de Fleuri. 5
Le Moineau et le Léopard, fable allégorique. 7
Le Tems, fable, pour Madame la Duchesse de Gesvres. 8

Le Chevre-Feuille et l'Œillet, fable allégorique. A Monsieur et à Madame Hérault. page 9
Le Oui et le Non, à Madame Sanson. 12
La Linotte et le Corbeau, fable allégorique. 13
Le Moineau et l'Hirondelle, à Mademoiselle.... fable allégorique. 16
L'Amour et la Raison. 17
L'Amour et la Folie. 18
L'Amour et l'Intérêt. 22
L'Amour et le Respect. 23
Le Solitaire et la Fortune. 25
L'Hirondelle, ou la consolation de la Vieillesse. 26
Les bons Serviteurs, et le Maître ingrat. 29
Les Philosophes. 31
La Marguerite et la Pensée. 33
Le Faucon et les Pigeons. 34
Le Rossignol et la Pie, fable sur Madame... et Jean le Poil. 35
L'Ourse et la Tourterelle. 37
Le Mâtin et la Levrette. 38
La Tourterelle et le Moineau. 40
L'Hirondelle. 44
L'Hirondelle et les Fourmis. 46

TABLE.

Le Perroquet et la Perruche.	page 48
La Rose.	49
Le Lys et la Violette.	50
Le Paon et le Phénix.	51
Les Pigeons et le Moineau.	52
Le Sansonnet et la Colombe.	53
L'Aigle et la Mouche.	54
Le Pinson fugitif.	idem.
Le Papillon et les Tourterelles.	56
La Véronique et l'Aube-Épine.	57.
Le Hérisson et la Taupe.	idem.
Le Chien Gascon.	58
Le Dindon et la Fraise.	59
La Flûte et l'Oreille.	60
L'Arc-en-Ciel et les Rats.	idem.
La Chenille et la Femme.	61
Parodie de la fable précédente.	62
La Bergeronnette et la Pie, fable allégorique.	63
Le Chien et le Moineau.	64
Les deux Chiens.	66
Le Rhinocéros et la Guenuche.	67
L'Abeille et le Hibou.	68
La Fourmi et le Chat.	70
Le Pinson et la Tourterelle.	72

TABLE.

Le Cheval et le Chien. page 73
La Poule et le Renard. 74
La Sole et le Poulet. 75
Les Tourtereaux et la Fauvette. 76
Le Hibou et la Tourterelle. 77
Le papillon. 78
Le Philosophe et l'Avocat. 81
Le Chien et le Moineau. idem.
Les Moineaux et les Tourterelles. 83
Le Rossignol et la Fauvette. 84
Le Rossignol, le Merle et la Rossignolette. 85
Le Pot-de-Chambre et le Trophée. 87
Le Pinson et la Fauvette. 89
La Colombe et le Corbeau. 92
Le Chat et la Lamproie. 96
La Lionne et le Roitelet. 97
Le Perroquet député vers la Fauvette. 98
La Fauvette. 101
Le Perroquet et le Pigeon. idem.
Le Coq et la Poule. 102
Le Maquereau et la Poule. 103
Le Moineau et la Puce. 104
Le petit Chien. 105
Le Myrthe et l'Ortie. 106

TABLE.

La Chemise et la Cornette.	page 107
L'Abeille et le Sifflet.	idem.
La Macreuse et la Salamandre.	109
La Baleine et le Ver à soie.	110
Le Perroquet.	112
La Crême et le Vinaigre.	114
Le Rossignol, la Fauvette et le Moineau.	115
La Généalogie et le Suisse.	116
Le Brochet et le Papillon.	117
Le Pigeon et la Linotte.	118
La Belette et le Sapajou.	119
L'Amour fugitif.	120
L'Œillet.	122
Le Serin, la Linotte et le Moineau.	123
Les Yeux.	124
Le Canapé, le lit et le Fauteuil, Rêve.	125
L'Écureuil et la Puce.	126
Le Chat et la Minette.	127
Le Gras de Jambe et le Tetton.	128
Le Canevas et l'Aiguille.	129
Le Bœuf et le Sacrificateur.	130
Les Paupières et la Pantoufle. Pour M***, et Madame ***.	131
Le Chat et la Coquille.	132
Le Singe et la Souris.	133

Le Hanneton et le Canard.	page 134
Le Chat et le Coq.	idem.
Le M.... et l'Éléphant.	135
La Guespe et l'Andouille.	136
Le Cheval et la Levrette.	137
Les Roses et les Lys, fable anacréontique,	138
La Lune et la Jarretière.	139
Le Rat et la Puce.	140
Les Carpes et les Cousins.	141
La Guenuche et la jeune Chate.	142
La Mer et l'Étang.	143
Vénus et le Pilote.	145
L'Aiguille et le Canevas.	idem.
L'Amour pris de vin.	147
La Jonquille et le Grate-Cul.	149
Le Singe et l'Araignée.	150
Le Léopard et le Chien.	151
La Pensée et l'Abbé.	153
La Nubilité et le jeune Radix.	idem.
Le Bigarreau et le Rasoir.	154
L'Astrologue.	155
La Sensitive et le Chardon.	157
Les Rillons Rillettes, Opéra comique en cinq actes.	159.

Fin de la Table du I.er Volume.

www.ingramcontent.com/pod-product-compliance
Lightning Source LLC
Chambersburg PA
CBHW070645170426
43200CB00010B/2127